開幕!!

STORY

歌舞伎で描かれた頂上戦争までの〝麦わらの一味〟の軌跡をここでおさらいしよう。

第一幕

シャボンディ諸島

〝赤い土の大陸《レッドライン》〟を越える為に、シャボンディ諸島に着いた一行。しかし、この島では人間や人魚の売買が行われていた！

友達の人魚・ケイミーを救おうと天竜人《てんりゅうびと》を殴ってしまうルフィ。世界の支配者を倒し場は騒然とする。

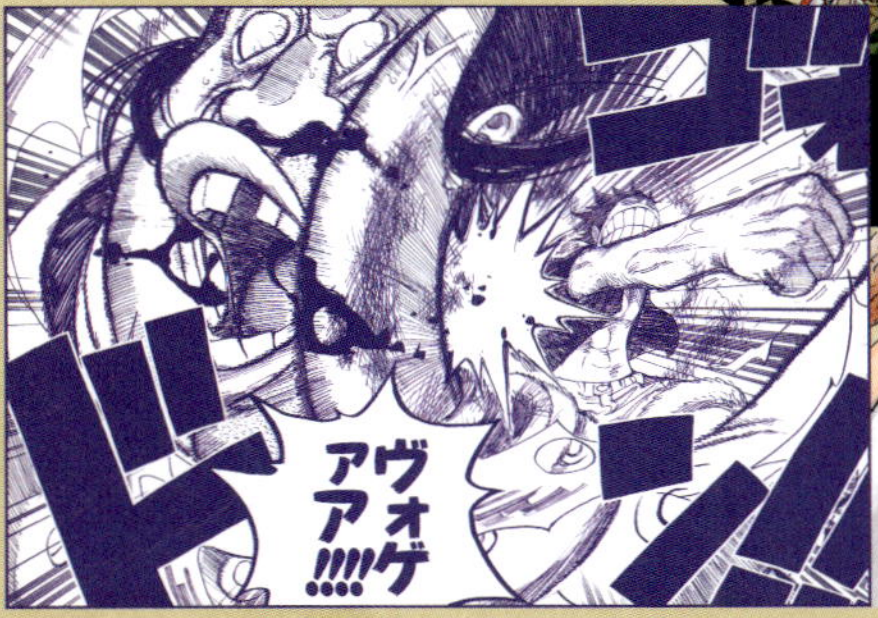

権力者への反抗――

〝麦わらの一味〟完全敗北!!

海軍に包囲され絶体絶命のピンチに――!!

恨みを買った一行は、王下《おうか》七武海《しちぶかい》のバーソロミュー・くまに強襲される。圧倒的な力に為す術なく敗れ……。

女ヶ島《にょうがじま》（アマゾン・リリー）

くまの力で〝麦わらの一味〟は散り散りに。ルフィは、男子禁制の島「女ヶ島《にょうがしま》」に辿り着いてしまう。船を探すルフィだが、そこに待ち受けていたのは……。

傾国の美女との邂逅——

〝散り散りになった麦わらの一味〟

ハンコックの妹達と対決！戦いの最中、姉妹が隠していた背中が衆目に晒されそうになり……。

女帝ハンコックと遭遇したルフィ。侵入者である為、命を狙われる事に。

女戦士達との決闘の末……

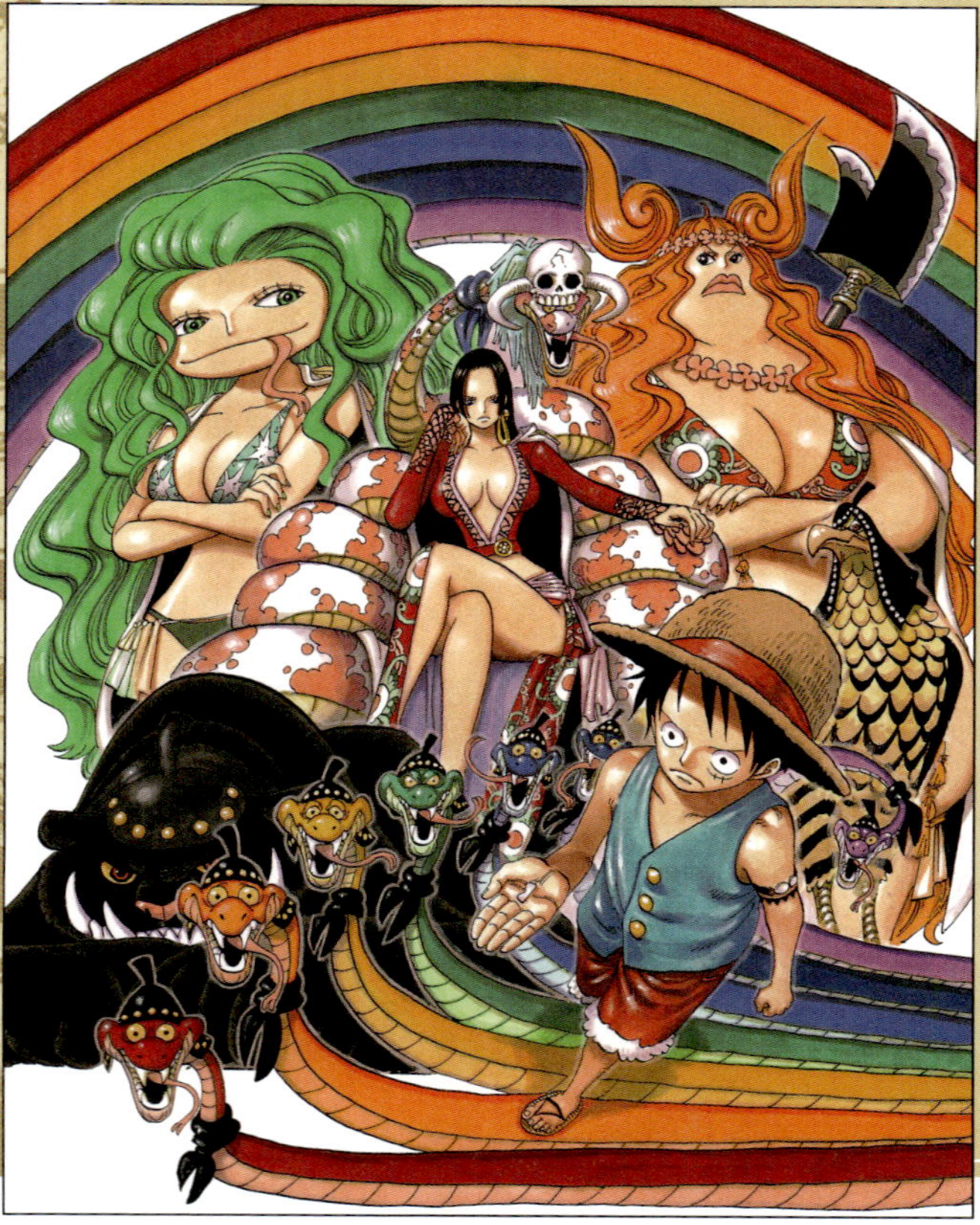

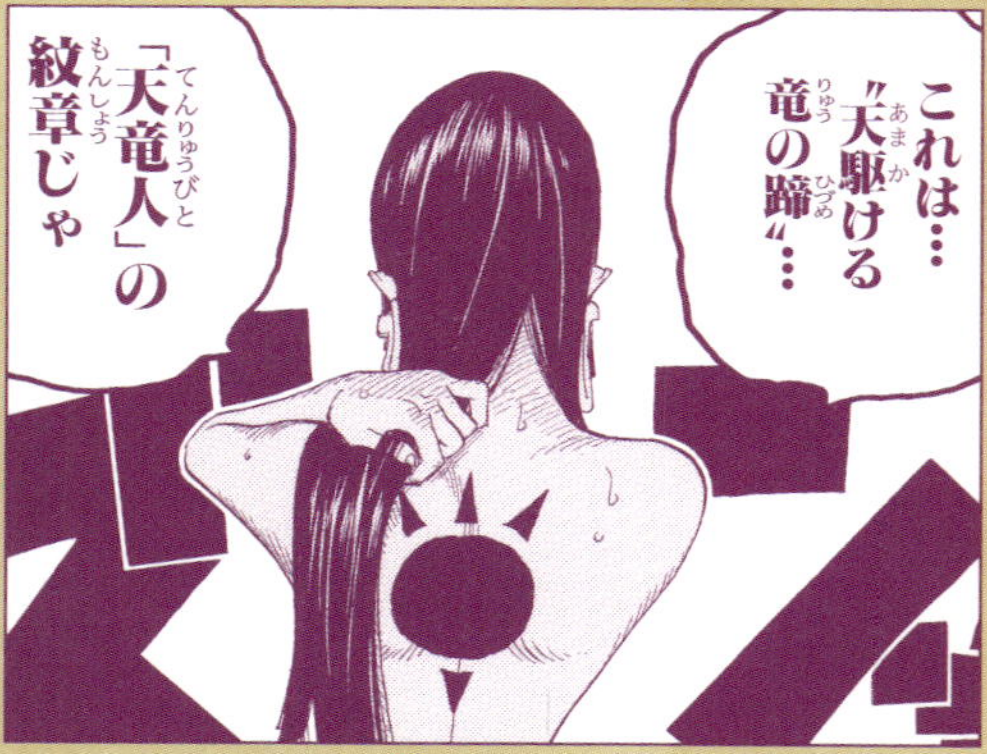

ハンコックが協力者に!!

姉妹を奴隷にした天竜人《てんりゅうびと》にルフィが反旗を翻した事を知ったハンコック。ルフィは強力な手助けを得るのであった。

第二幕 インペルダウン

エースの公開処刑が迫っている事を知ったルフィは、目的地を大監獄インペルダウンに変更する。エースの処刑まであと6日……!!

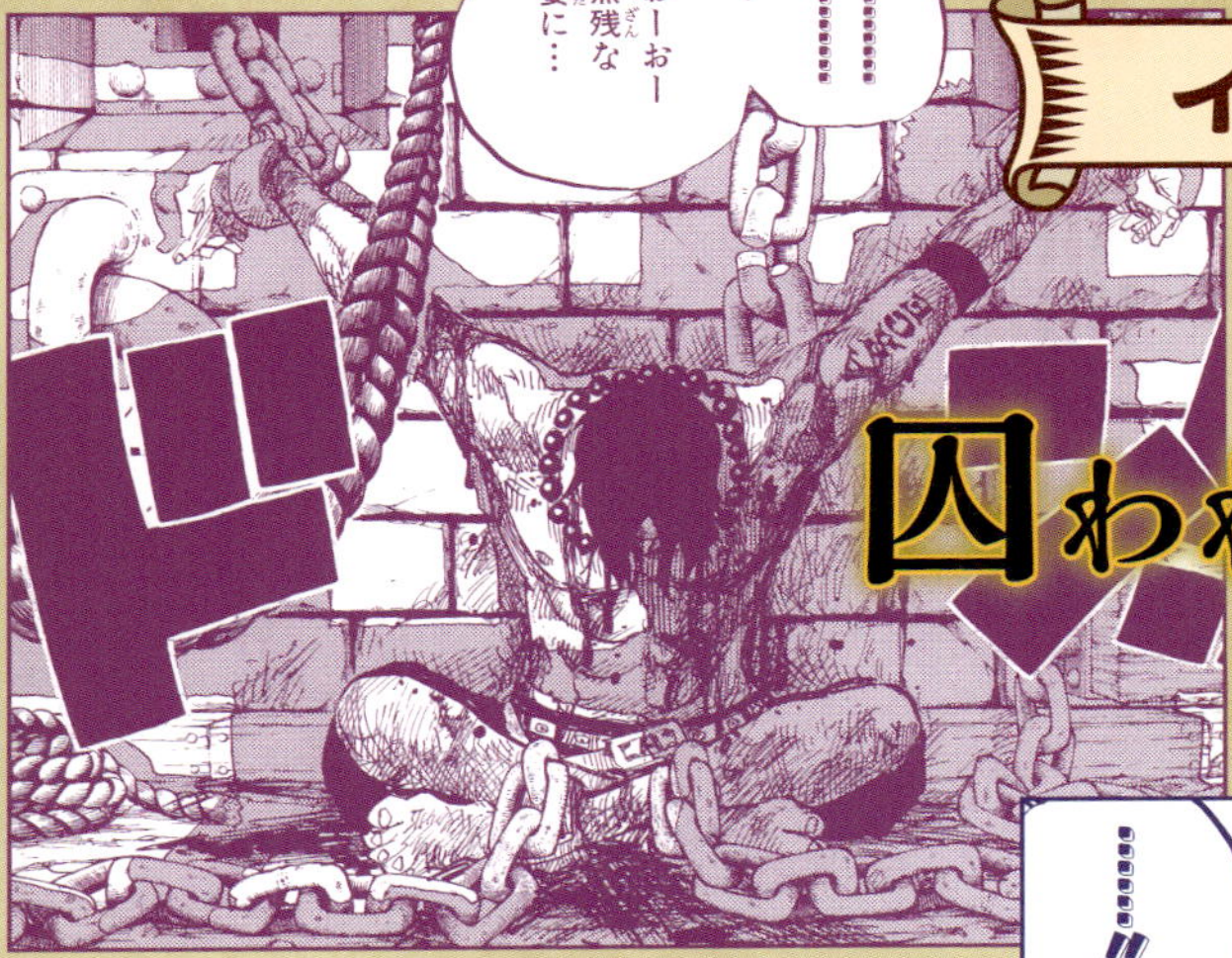

囚われのエースを救う為………

ニョン婆よりエースの危機を知らされたルフィは、ルフィに恋心を抱くハンコックと共に、監獄を目指す。

インペルダウンは深い階層になるほど凶悪な犯罪者が収容されている。エースの待つ最下層に急げ!!

脱獄不可能の大監獄に潜入!!

しかし……猛毒で瀕死に!!

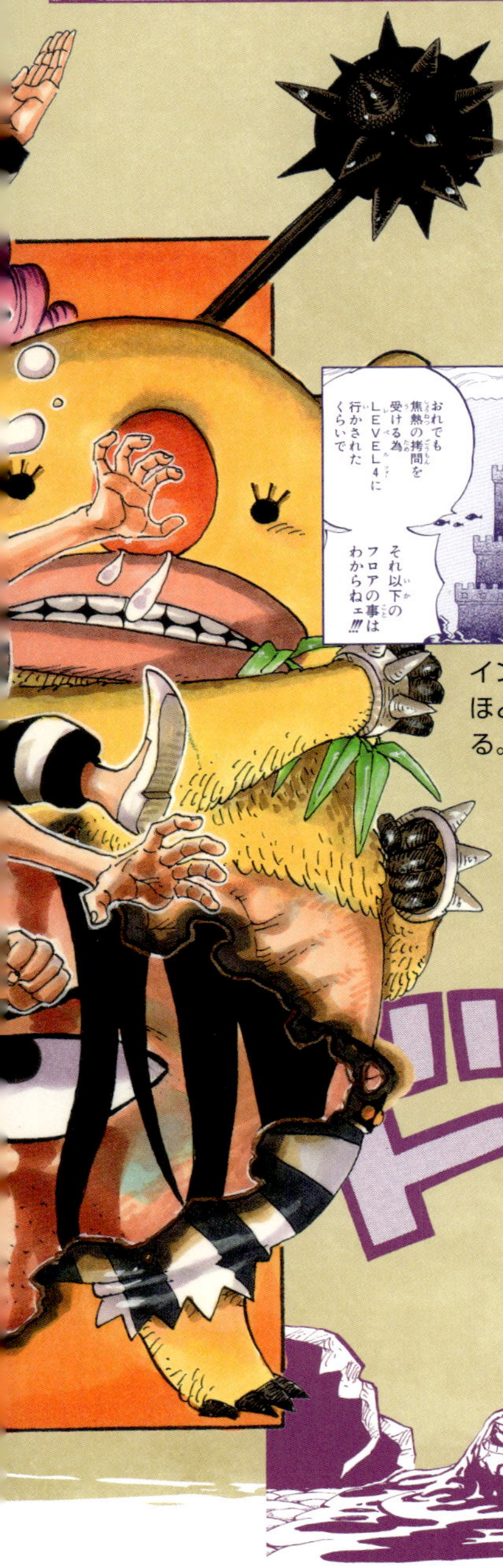

新人類《ニューカマー》に救われるルフィ!!

監獄署長マゼランの毒に敗れるルフィ。そんな彼を救出したのはニューカマーを率いるイワンコフであった。

イワンコフの〝ホルホルの実〟の能力で回復したルフィ。監獄脱出に向け再起する!

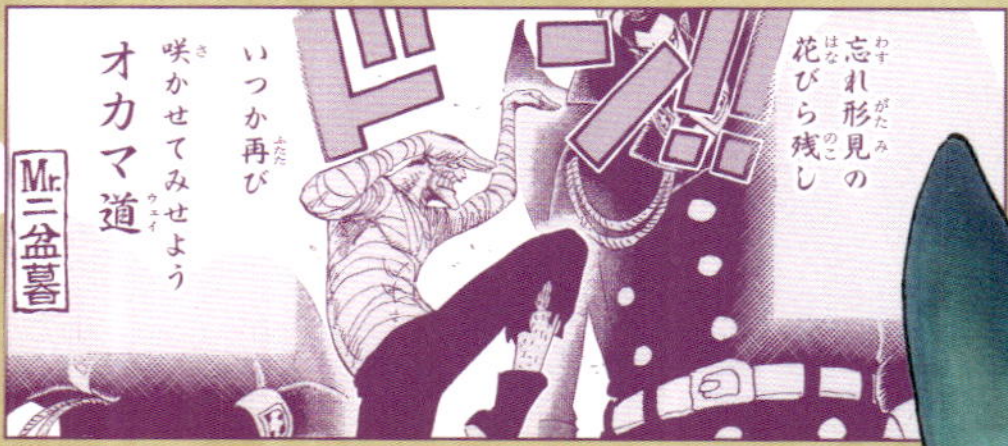

友の助けを借りて兄を追い決戦の地へ——!!

監獄で再会した旧友ボン・クレー!ルフィを守る為、命を賭けマゼランに立ち向かう!!

囚人達と共に脱出大成功!!次に目指すのは処刑場となるマリンフォードだ!!

第二幕

マリンフォード「海軍本部」

エース処刑を阻止する為ルフィは海軍本部に急ぐ!! しかし、そこには10万の海兵が待ち構えていた!!

エースの命を巡って—

元帥センゴクは全世界に向けて、エースが"海賊王"ゴールド・ロジャーの息子であると宣言。全土に激震が走る!!

海軍と白ひげ海賊団が激突!!

満を持して白ひげ海賊団が襲来!! 頂上戦争の火蓋が、切って落とされる!!

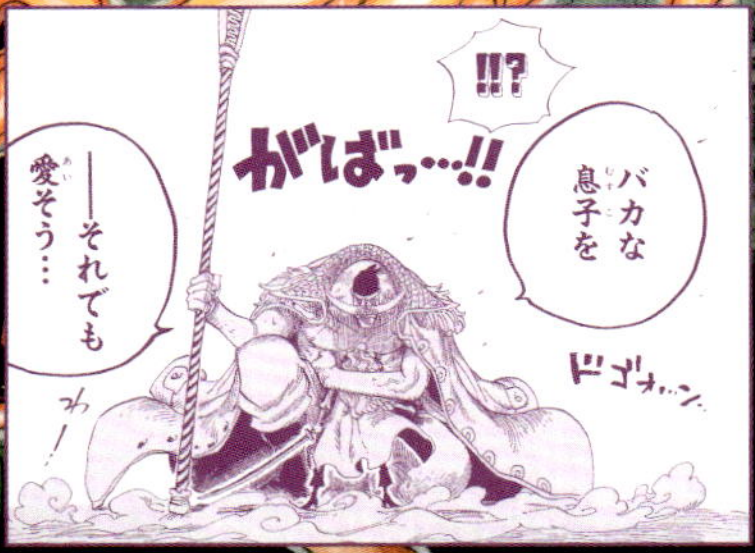

ロジャーを恨むスクアード。海軍の姦計に乗り、白ひげに刃を向けてしまい……。

さらにルフィも参戦!!

混迷を極める戦場にルフィが降り立つ! 大海賊・白ひげと共同戦線を張り兄救出に急ぐ!!

エース 愛を胸に散る!!

父・白ひげの名誉と弟・ルフィの命。大切な家族を守る為、エースは〝赤犬〟の拳を受ける!!

ついにルフィがエースを解放!!頼もしい兄と共に、海軍に反撃を開始する!!

エース奪還を見過ごすわけもなく〝赤犬〟が阻む!!

白ひげが死に混迷を極める戦場に、シャンクスが現れ場を収める。ここに頂上戦争の幕が閉じるのであった。

一つの時代に幕が下り──!!

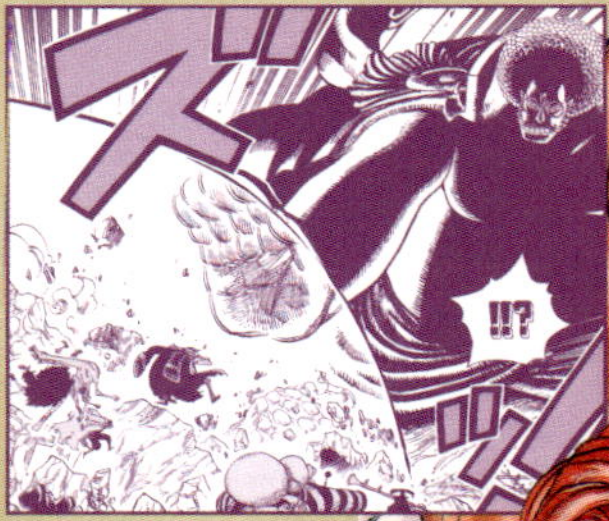

エースの死により戦いは終わったかに見えたが、海軍の猛攻はさらに激化する。

敗北を乗り越えルフィは海へ──!!

大切な兄を失い絶望に落ちるルフィ。そんな心に差した光明は、仲間達との絆だった。

の冒険は〝新世界〟へ──!!

そして〝麦わらの一味〟

相関図

スーパー歌舞伎Ⅱ『ワンピース』に登場する、キャタクターの関係図を公開。

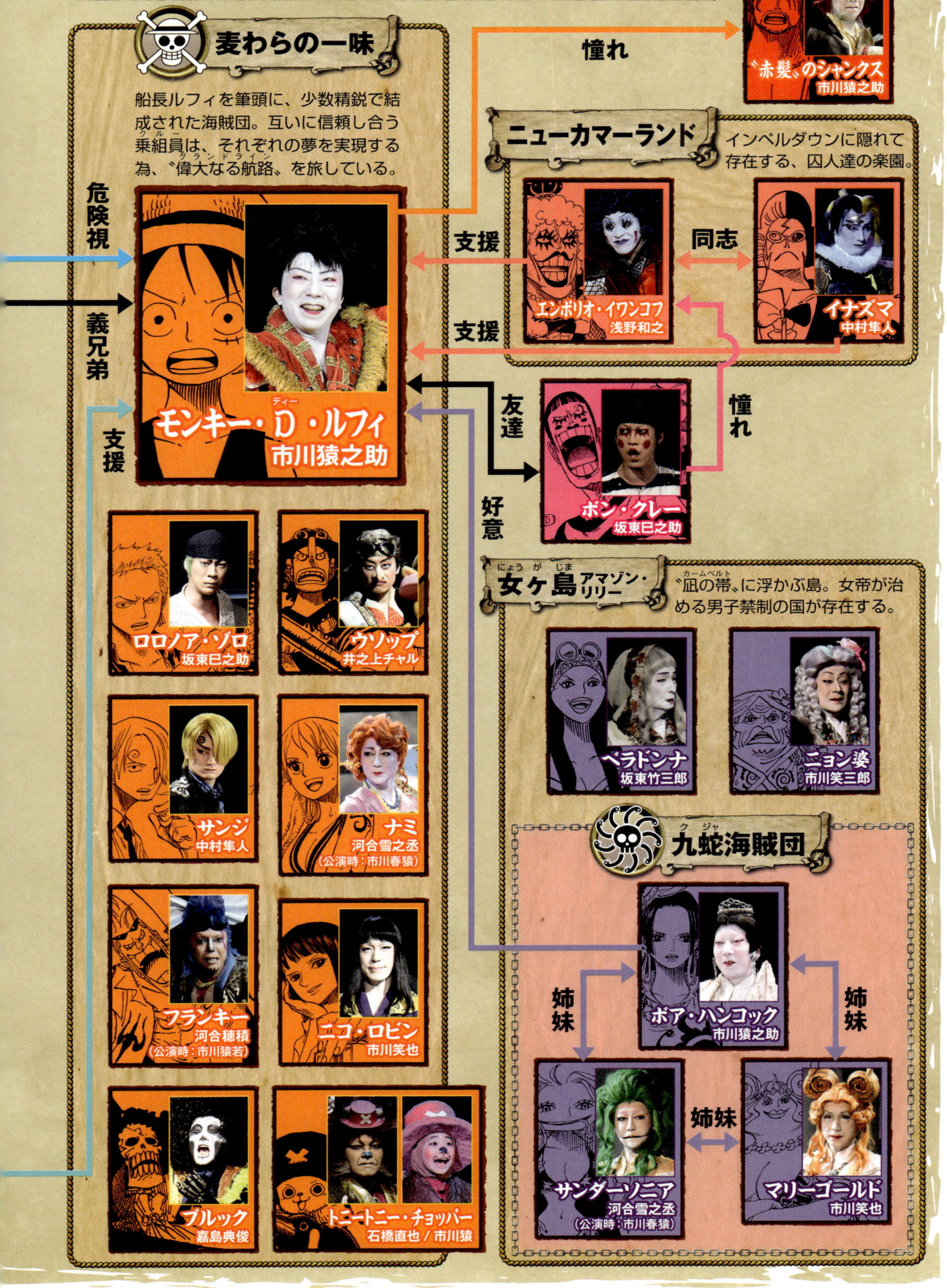

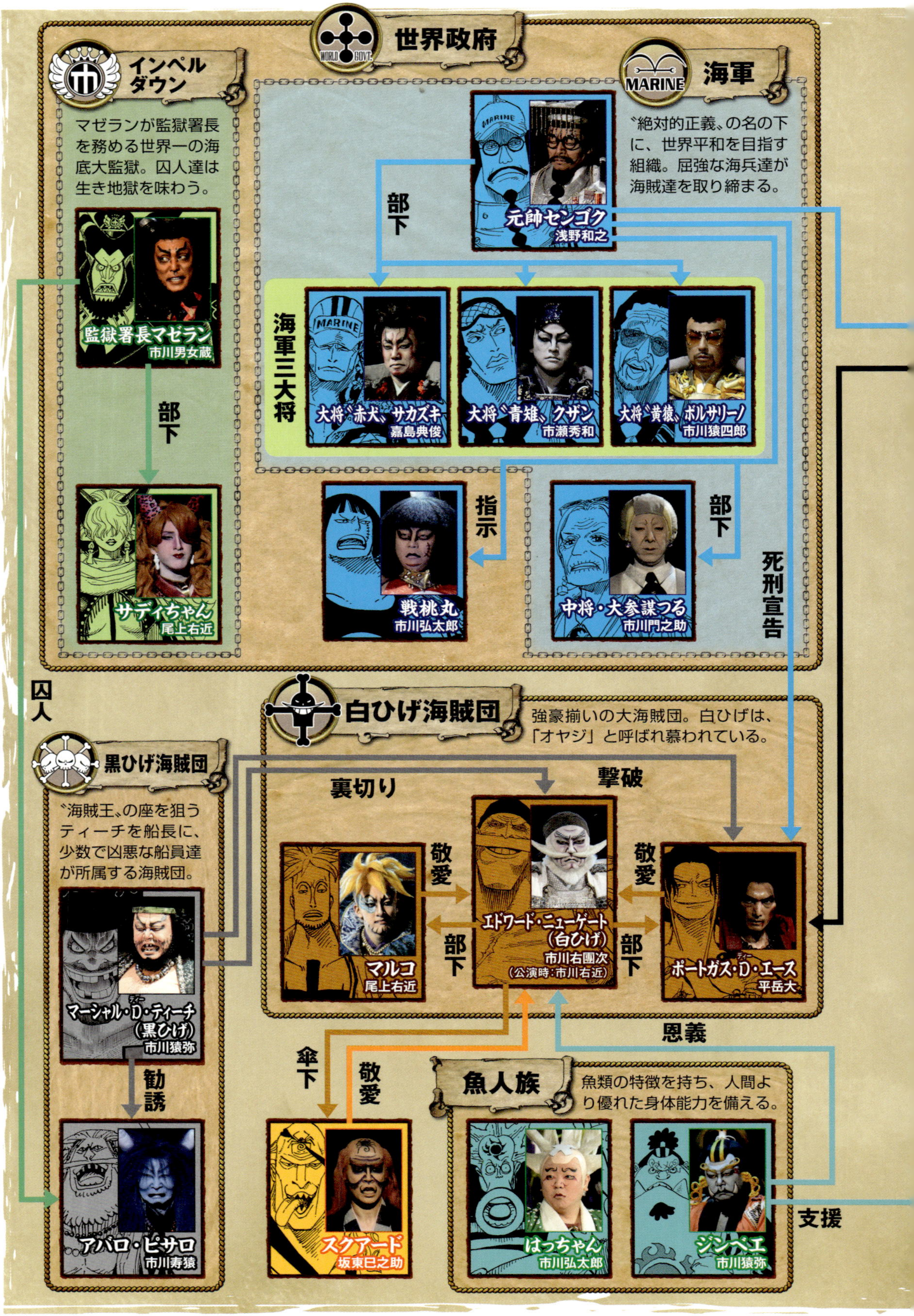

※相関図の出演者は2016年4月の博多座公演をもとに記載しています。

FRANKY
MONKEY.D.LUFFY
NAMI
RORONOA ZORO

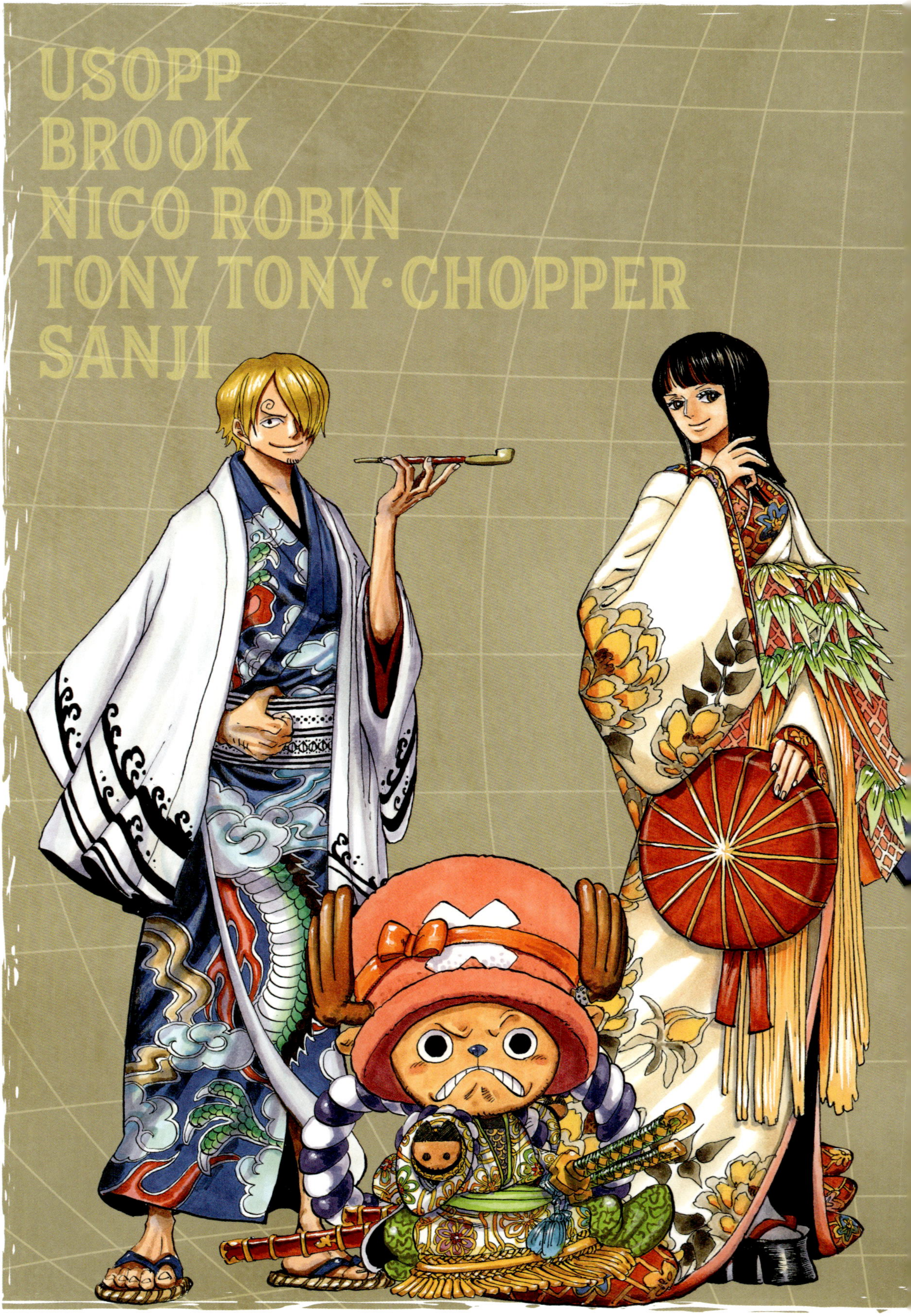
USOPP
BROOK
NICO ROBIN
TONY TONY・CHOPPER
SANJI

Index

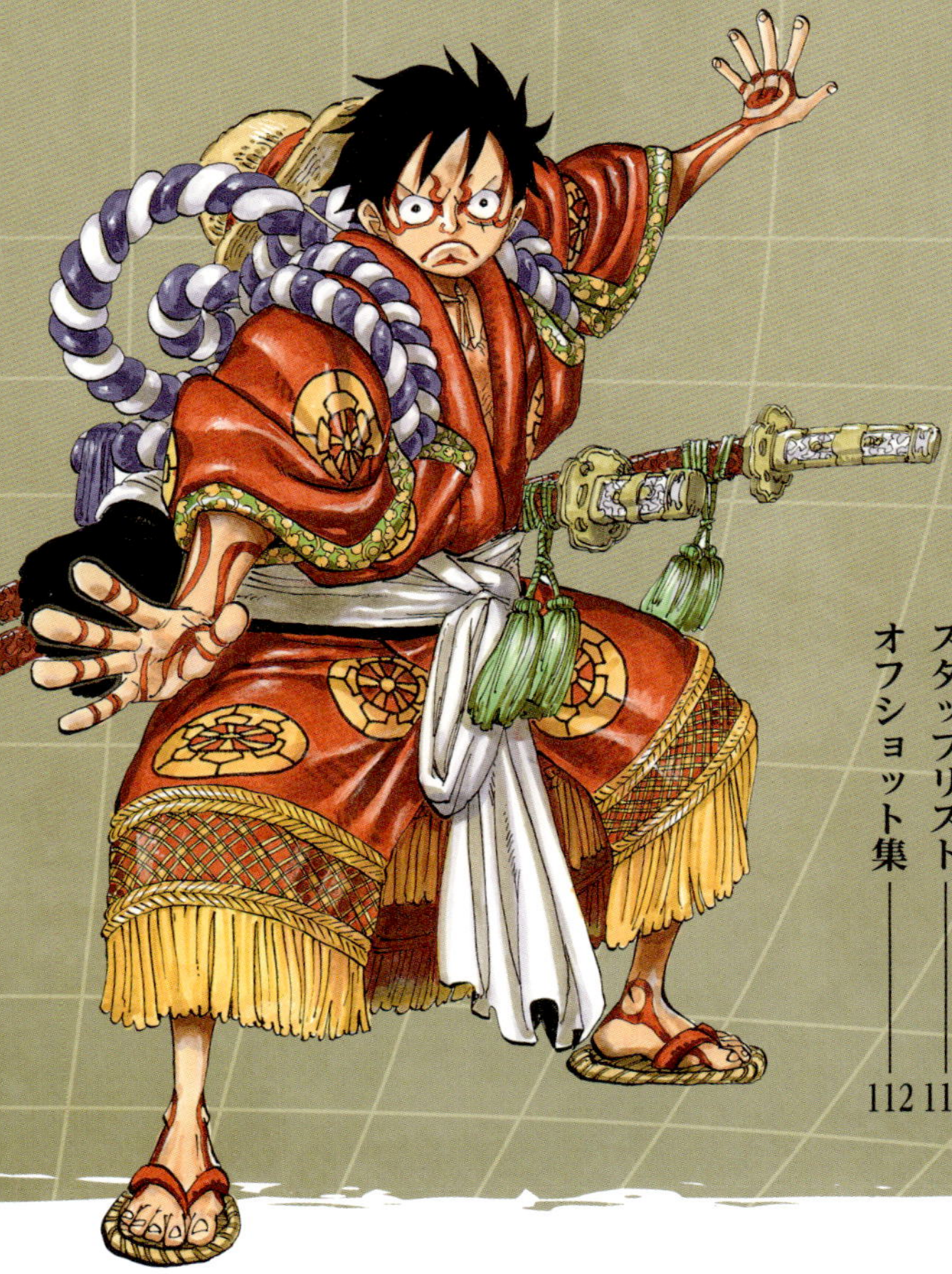

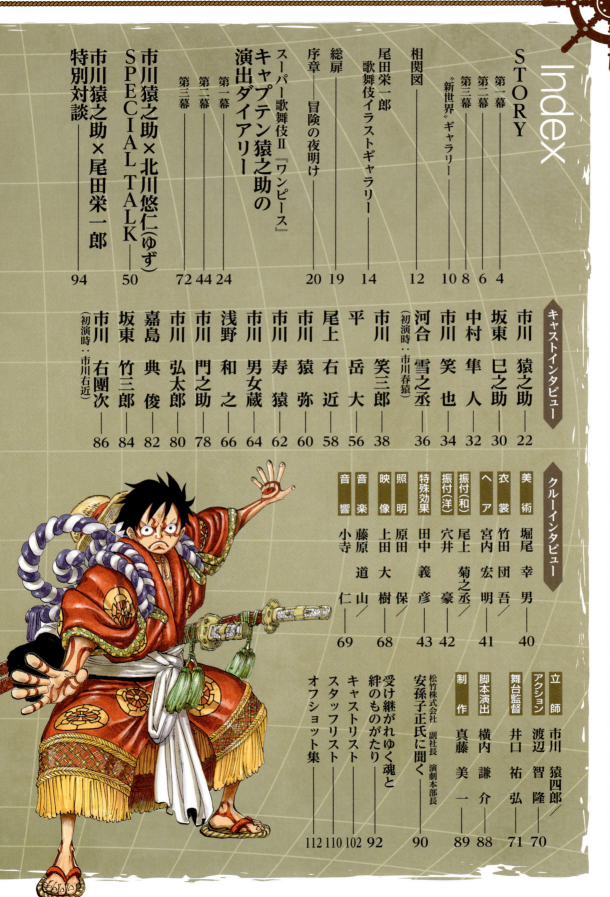

スーパー歌舞伎Ⅱ《セカンド》ワンピース
〝偉大なる世界《グランド・ライブ》〟
Talk& Record

２０１５年10月、東京・新橋演舞場を出航した一行は、大阪松竹座、博多座を巡り、ある一つの頂きに到達する。これはその航海の記録である。

冒険の夜明け Romance dawn 序章

スーパー歌舞伎Ⅱ『ワンピース』が舞台化されるまでの軌跡！

舞台稽古直前のカコミ取材。「やれることはすべてやった」と猿之助。

まだ見ぬ世界を求めて——猿之助の冒険が始まる!!

『ONE PIECE』が歌舞伎化されるという第一報がもたらされたのは、2014年12月21日、幕張メッセで開催されたジャンプフェスタでのことだった。主演は市川猿之助、「スーパー歌舞伎Ⅱ」として翌年の10、11月に新橋演舞場で上演されるという。

物語が頂上戦争編になることやその配役が明らかになったのは、15年7月28日に帝国ホテルで行われた製作発表記者会見でのこと。

会見ではルフィの扮装をした猿之助のスチール写真が配られ、公演が近づくと一部のキャラクターのビジュアルも公開された。

原作や歌舞伎のファンはもちろん、遠巻きに成り行きを見つめる多くの人々をも含めて、舞台は注目を集めていく。

そして10月7日、午後4時30分。スーパー歌舞伎Ⅱ『ワンピース』は、いくつもの困難を乗り越え、同じ船に乗り合わせた仲間たちの夢と希望を乗せて、新橋演舞場から冒険の旅へと出航した。

スーパー歌舞伎Ⅱ『ワンピース』のあゆみ

2014年12月21日
ジャンプフェスタ2015にて『ONE PIECE』の歌舞伎化発表

2015年7月28日
帝国ホテル 桜の間にて
新橋演舞場10・11月公演
スーパー歌舞伎Ⅱ『ワンピース』
製作発表記者会見

2015年10月7日〜11月25日
新橋演舞場にて初演
(10月18日 市川猿之助宙乗り通算700回達成)

2016年3月1日〜25日
大阪松竹座公演

2016年4月2日〜26日
博多座公演
(初日に猿之助宙乗り通算800回達成)

2016年10月5日〜18日
銀座三越にて
「スーパー歌舞伎Ⅱ『ワンピース』の世界展」開催

2016年10月22日〜
シネマ歌舞伎
スーパー歌舞伎Ⅱ『ワンピース』
全国で上映

2016年11月27日
シネマ歌舞伎
スーパー歌舞伎Ⅱ『ワンピース』
ハリウッドにて上映

2017年10月6日〜11月25日
新橋演舞場にて再演

〜

航海日誌

2015.10-11
新橋演舞場

劇場正面に尾田栄一郎がこの舞台のために特別に描き下ろしたイラストパネルが飾られ、劇場は『ワンピース』仕様に。公演期間中は道行く人も含めて撮影スポットとなり上演前後の時間は人だかりとなった。

2016.3
大阪松竹座

脚本や演出に手が加えられ舞台は大幅にブラッシュ・アップ。二幕の本水の立廻りでは新キャラのサディちゃんが加わり、三幕では白ひげ海賊団の活躍の場が広がった。マルコが逆宙乗りで登場する場面も。

そして〝新世界〟へ

2017.10-11
新橋演舞場

演出にLEDパネルが取り入れられ、宙乗りを盛り上げる「スーパータンバリン」が登場。主題歌『TETOTE』を歌うのはゆずに。新キャストも加わり若手を抜擢した特別マチネ公演など楽しみが多方面に広がった。

2016.4
博多座

前月の大阪をベースに舞台はさらに進化。傷ついたルフィをチョッパーが癒す場面では、桜を効果的に取り入れた演出となった。博多座の広い舞台に合わせて、サニー号も大きな船につくり替えている。

※さらに2018年4月に大阪松竹座、5月に御園座で上演！荒波を乗り越え航海は続く!!

市川猿之助

Ennosuke Ichikawa

Monkey.D.Luffy/Boa.Hancock/Shanks

市川段四郎の長男。1983年二代目市川亀治郎を名のり初舞台。'12年四代目市川猿之助襲名。確かな芸と深い理解力で古典の伝統を受け継ぐ一方、持ち前の才智で新たな歌舞伎を創造。'14年『空ヲ刻ム者』でスーパー歌舞伎Ⅱを始動させた。

モンキー・D・ルフィ

ボア・ハンコック

〝赤髪〟のシャンクス

仲間と共に出航 3役をどう見せるか

2015年10月6日。新橋演舞場での初日前日に行われた取材で、「ルフィに共感するところ」を質問された猿之助はこう答えていた。

「仲間がいて、仲間に助けてもらわないと生きていけない自信があることです」

市川猿之助の、モンキー・D・ルフィとしての冒険の旅もまた、仲間集めから始まった。そして歌舞伎と現代演劇の垣根を越え、年齢もキャリアもさまざまな精鋭スタッフが結集。キャストにはスーパー歌舞伎には欠かせない存在からまったく初めての若手、そして現代演劇で活躍する俳優も顔を揃えることになった。

猿之助を中心に舞台が出来あがっていく様子は別ページをご参照いただくとして、ここではまず猿之助が演じた3役についての話から。

「ルフィというのは歌舞伎でよく言う〝発散のしどころのない役〟なんです。人を殺してはいけないという設定があるので立廻りで思いきったことができませんし、武器を持たない素手での闘いというのも歌舞伎の主人公としては異例です。イワンコフのせりふにあるように、ルフィが周囲の人をどんどん巻き込みながら展開していく物語ということもあって、存在の仕方が非常に難しいんです」

確かに舞台でのあり様は、身体能力を発揮して強烈な個性を表現しているボン・クレーや、存在感たっぷりの描かれ方でせりふの聞かせどころもある白ひげなどとは、明らかに異なっている。

「ハンコックはルフィとの対比を早替りで見せるために存在している部分が大きく、シャンクスはいわゆる留め男。3役を通して舞台に出ているトータルの時間は長いけれど、演じ甲斐という点においては、どこかとりとめがない部分があるんです」

『ワンピース』が古典になる日を夢見て冒険の旅は続きます

（市川猿之助）


留め男とは重要な登場人物の喧嘩に割って入り、それを収める役のことだ。

　その難しいという役をどう見せていくか。そこで発揮されるのが、俳優として身につけて来た技術と演出の立場における才智である。そしてそのベースとなっているのが、スーパー歌舞伎としての見せ方だ。

スーパー歌舞伎と『ワンピース』

スピード、スペクタクル、ストーリーの頭文字を取って〝3S〟をキーワードに、現代人の感性に合った歌舞伎を追い求め、それまでにも数々の作品を世に送り出していた三代目猿之助（現猿翁）が、スーパー歌舞伎第1作である『ヤマトタケル』によって演劇界に大センセーションを巻き起こしたのは1986年のこと。

　以後、『リュウオー』、『オグリ』、『八犬伝』、『カグヤ』、『オオクニヌシ』、『新・三国志』、『新・三国志Ⅱ』、『新・三国志Ⅲ』とスーパー歌舞伎は全9作をリリース。

　そして四代目を襲名した猿之助が第1作『空ヲ刻ム者』で、スーパー歌舞伎Ⅱを発進させたのは14年のことだった。その第2作として上演されたのが『ワンピース』なのである。

　「『ONE PIECE』の世界観を表現する上で、スーパー歌舞伎Ⅱがふさわしいと判断していただけたことを光栄に思います」

　15年7月末に行われた初演の記者会見での猿之助の言葉だ。物語の骨格と主要キャストは決まったものの、その冒険はまだまだ未知だった頃の話である。ゆずの北川悠仁による主題歌提供が発表されたのは、その1か月後。やがて10月7日の初日を迎える。

　「伯父から常々、言われていたのは、再演できる新作を創らなければいけないということです。そして東京公演が開いてまもなくに翌年3月の大阪松竹座、4月の博多座公演が決まったのはうれしいことでした」

　トータルで20万人を動員した舞台は、17年秋に東京・新橋演舞場で凱旋公演。

　「博多座公演で到達したあるひとつの完成形に、最新技術を取り入れ無駄を削ぎ落とし、進化と深化を重ねました。こうして上演を繰り返すことで新作は古典になっていくのです」

　そして新たに企画されたのが、若手を抜擢した特別マチネ公演『麦わらの挑戦』だ。

　「様々な人が演じることによって、その役に新たな生命が宿り、作品は深みが増しさらなる広がりを見せていく。そうやって『ワンピース』が古典になる日を夢見て、仲間との冒険の旅はまだまだ続きます」

キャプテン猿之助の スーパー歌舞伎Ⅱワンピース 演出ダイアリー

職人魂と熟練の技で猿之助を支える一流スタッフたちの航海日誌！

第一幕

職人魂で驚異の舞台を創造！

Log 1

始まりは冒険の海！シャボンディへ刹那の没入!!

劇場に入ってから出るまでを『ワンピース』の世界にしたい。幕開き前にルフィ人形を舞台に置いたのはそういう理由からだった。その人形の影が勝手に動き出してルフィや“麦わらの一味”の映像が映し出されたら楽しいだろうし、『ONE PIECE』を知らない人には原作世界に触れてもらえる。その要望に応えて上田さんがつくってくれたのがあの映像だ。海というテーマに一番こだわっていたのは美術の堀尾さんだった。舞台両袖の浮世絵タッチの浪もその表れで歌舞伎役者にはさほど珍しくもないものだったけれど、原田さんが照明を当てたら驚くほどキラキラと輝き出して嬉しいびっくりだった。そこから幕を引いて一瞬にして「奴隷市場」の場面へ。これは以前に「シルク・ドゥ・ソレイユ」で観てやってみたいと思っていた演出だった。

美術 ルフィ人形のバックにある白幕は、映像のためのスクリーンでもあり海賊船の帆でもあります。特効の技術によって幕を後ろに引いてもらい場面を転換しました。（堀尾）

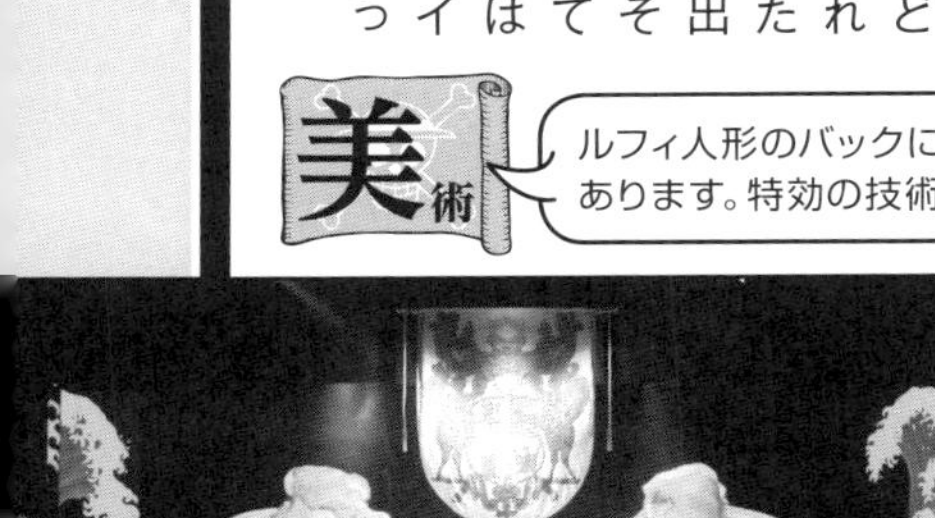

突如、出現した『奴隷市場』。イメージはテレビの『料理の鉄人』から。

照明 オープニングで表現した海は、この舞台のためにムービングライトに仕込むネタを新調しました。（原田）

映像 シルエットからカラー原画へ、段階を踏んだ映像は漫画世界から舞台へとつながるよう意識しました。（上田）

Log 2 カブキナイズなビジュアルで〝麦わらの一味〟が見得!!

開幕前からやたら注目されていたのはキャラクターのビジュアルだった。ルフィは赤いシャツと短パン、裸足にサンダルが定番のキャラクター。これを豪華にするのは難しい。だけどどこか歌舞伎らしさがないと……。というわけでできたのが、最初に登場する時に着る衣裳だった。襟には仲間たちそれぞれのイメージカラーがあしらわれている。ルフィがアマゾン・リリーに飛ばされてからその色がないのは、仲間とバラバラになってしまったためというのが竹田さんの衣裳プランらしい。

一味の名のりは歌舞伎の『白浪五人男』風に。それを階段のついた台の上でやる。チョッパーはパペットにしてウソップが持って出ることに。それが消えると台のなかから人間となって突然現れる。これは古典でいつもやっている『四の切』の応用だ。デザイン画に描かれたフランキーはものすごく大仰な腕をしていた。それでは役者が動けないだろうと思い提案したのがあの形。これも歌舞伎衣裳から。

ラフスケッチ

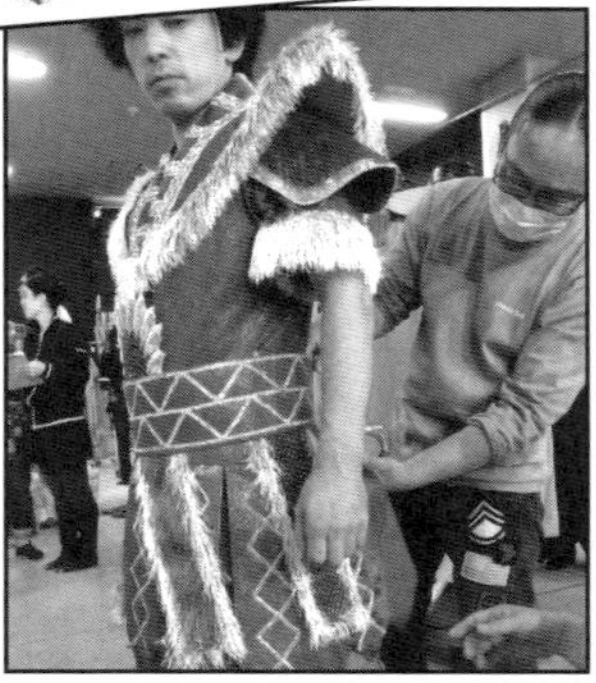

二幕の宙乗りの場面でルフィが着用する衣裳。忙しい猿之助さんに代わってフィッティングしているのはお弟子さんの段一郎さん。

衣裳 女性キャラの衣裳を男性にどう置き換えるかが問題でした。ナミの衣裳はかなり手が込んでいます。（竹田）

髪《ヘア》 〝麦わらの一味〟が並んだ時に『ONE PIECE』だ！と思えるカラーに何色か混ぜ、陰影を出しました。（宮内）

スーパー歌舞伎の舞台裏知りたい SKBS 1 猿之助が舞う!? スチール撮影に潜入!!

猿之助さんが初めてルフィの衣裳に身を包んだのは2015年7月6日。都内のスタジオでポスターやチラシのためのスチール撮影が行われたのだ。歌舞伎座の出演を終えた猿之助さんが到着したのは午後9時ごろ。白塗りの顔に血気盛んな若者の象徴であるむきみといわれる隈取が。撮影用に用意された麦わら帽子は超巨大！髪も最初はこんな感じだったのだ。まだ台本も完成していない頃のお話である。

撮影中に猿之助さんが突然！ジャンプ!! 予定外だったがおかげで躍動感ある写真になった。

Log 3 まさに和洋の融合!! 立廻り×アクション!!

ルフィ登場の演出は歌舞伎で古くからやっている「振り落とし」という手法。スーパー歌舞伎『カグヤ』で帝が登場するシーンが強烈に印象に残っていたのでそれを踏襲した。映像でルフィの手が伸びて天竜人《てんりゅうびと》を殴ったらいよいよ登場だ。映像から生の役者へ、パッと切り替わりたいところ。だからこそ！「振り落とし」なのだ。

立廻りはいつものように猿四郎さんにまずはお任せ。そこに渡辺さんがアクションの要素を加えてB·O·Sの精鋭が絶妙な間合いで絡んでくれる。ルフィを演じる立場としての注文は「本人はあまり動かなくとも動いているように見えるようにして」というもの(笑)。戸板を使った一味の立廻りはトリッキーにテンポよく、戸板はそれぞれの〝技〟を際立たせる道具ともなった。

サンジに蹴られた海兵が隙間から飛び出したり、ロビンの〝百花繚乱《シエンフルール》〟を表現するツールになったり。戸板を大活用。

立師
戸板は昔からやっていることで、何枚で何人だったら何ができるかは、頭のなかにある程度入っているのでそれを微調整しています。(猿四郎)

技《アクション》
本気のスピードでかかっていく絡みを猿之助さんが歌舞伎の間合いで払い、ものすごく吹っ飛ぶ。その面白さがあったと思います。(渡辺)

スーパー歌舞伎の舞台裏知りたい SKBS 2

腕が伸びた!? ダンスシーンで超再現！

宴のシーンでルフィの伸びる腕をどう表現するか？試行錯誤の末に決まったのが穴井さん提案の振付によるダンスでの表現。洋舞にもともとある手法をアレンジしたもので、腕を表現する黒衣のメンバーは黒い面を被っていたが途中から隈取マスクに変更。グッズとして売られていたコスメの隈取マスクをヒントにそれを模したものだ。上演を重ねダンスのキレもアップ！

Log 4 実は全員オトコ!? アマゾンリリーの戦士たち!!

女性しかいないアマゾン・リリーだけど出演者は全員男性。だけどそこに大きな問題はない。なぜなら彼らは女方として日常的に女性を演じているから。何が大変かといえばそれはダンス！日本舞踊と洋舞では身体の使い方がまったく違うからで、二幕のニューカマーランドはさらに大変だった。そこで穴井さんのつけた振りを日本舞踊的に翻訳してくれたのが菊之丞さんだ。道山さんにオーダーした音楽は、エスニックな雰囲気で映画『ムトゥ踊るマハラジャ』みたいな感じ、というもの。この3人なくしてこの場面は成り立たない。

どこか気品《きひん》をも漂《ただよ》わせる

音楽やダンスの雰囲気と共に衣裳もエスニック風。さすがにオトコのビキニじゃ、ねえ!?

音楽 インド音楽演奏家の友人に録音をお願いし、エスニックなサウンドの新曲ができました。（藤原）

演出 男性が女性を演じるという制約がつくり出す世界観。女方は歌舞伎の面白さの原点です。（横内）

Log 5 時を超え2つの名場面が舞台で交錯する!!

エースと黒ひげが対決するシーンは、フラッシュの点滅にしてストップモーションで見せ、音楽はガムランのイメージ。ここはアマゾン・リリーでのルフィの語りと想像上の仲間たち、少し前に起こったバナロ島での出来事が交錯する場面で、エースと黒ひげの登場は大阪公演の稽古中に変更。エース公開処刑のお触れも小道具の肉から出すことに。

JC46巻

JC53巻

エースと黒ひげの事情やルフィがひとりインペルダウンへ向かう心境がわかるのは46巻と53巻。

舞台

舞台前方には現在のルフィたち。後ろのせりの上では想像上や過去の出来事が演劇的に展開される。

Log 6

セットの中に入りたい!? ハンコックを巨大化せよ!!

　稽古場では各セクションの担当者とどんなに綿密に打ち合わせても、すべての要素が合わさったものを現実に見ることはできない。全容がわかるのは初日数日前に稽古の場を劇場へと移してからだ。道具を実際に飾り、衣裳を着た役者がそこに立って動いてみなければわからないことはたくさんあるのだ。

　古典歌舞伎の場合は先人たちの積み重ねのおかげで、ビジュアルも音もわかっているから誤差は少ない。けれど『ワンピース』のような新作の場合、舞台稽古の段階での修正はいつも当たり前のことで、初日が開いてからもそれは続いていく。

　よりよいものを目指し、舞台は日々変化しているのだ。ちょっとしたことは日々の舞台を務めながらでも乗り越えられるが、大がかりなものとなるとさすがに公演中は無理である。だからここはもっとこうありたいという理想と闘いながら、できることの精一杯をお見せしていくことになる。そんななか、東京公演中に大阪と福岡での公演が決まった。そこでさっそくいくつかの要望をスタッフに伝えた。そのひとつが第一幕の幕切れだった。

「幕切れのハンコックの衣裳をもっと豪華にしたい。衣裳というよりセットのなかに入りたい」

　イメージは紅白の小林幸子さん。『カグヤ』の日輪の女神に拠った初演の衣裳もそれなりの反響はあっ

スーパー歌舞伎の舞台裏知りたい

SKBS 3

いつの間に!? ルフィがハンコックに早替わり!!

スーパー歌舞伎に欠かせない早替りはルフィとハンコックが出会う場面で。「この場面のハンコックは彩り。替わったことがわかればいい」（猿之助）。だから音楽も「重くならないようにちょっとコミカルに」（藤原）。その手法は『ヤマトタケル』のオマージュでもある。

猿之助はルフィとハンコックをくるくると行ったり来たり。

図面

裏側

衣裳セットの裏に回るとそこにはリフトが置かれていた。これで上昇する仕組みなのだ。衣裳に合わせて新調した冠は竹田さんにとって「過去最大」の逸品に。下の写真は東京初演時のハンコック。

舞台の幕用の布をも使用した巨大な衣裳。衣裳の竹田さんと連携して美術の堀尾さんが全体の見え方をチェックした。

テスト

大阪松竹座の公演前にスタッフが新橋演舞場に結集して仮縫いテスト。大阪で不具合が見つかったのでは遅いのだ。

初演時

特殊効果 400キロもあるリフトの動きや役者やスタッフの動線、衣裳の広がり具合をチェックしました。（田中）

舞台監督 リフトの重量、衣裳を広げる仕掛けの糸を吊る場所の確保、転換のための時間が課題でした。（井口）

たけれど、『カグヤ』上演時の感覚とはやっぱり違う。物足りない。そう思ってしまったのだ。

その意向を知るとさっそくスタッフが動き出してくれた。とにかくみんなフットワークが軽い。横内さんが台本に書いたト書きには「ハンコックは巨大な愛の炎と化して見得」とある。その「巨大な愛の炎」を具現化するために、彼らは絶妙な連携プレイを発揮してくれた。

そして後で知ったのは、大阪に行く前にスタッフが東京で装置のテストをしていたことだった。

スーパー歌舞伎の舞台裏知りたい SKBS 4

全てがハンドメイド!! こだわりを見逃すな!!

ウソップに抱かれて登場したチョッパーはこの舞台のために手作りされたもの。特殊効果チームが作成したさまざまなアイテムは、リフトのような機材からゾロのピアス、ルフィの傷シール（1公演で5枚使用）、ウソップの長鼻など実にさまざま。フランキーが放つ〝風来砲《クー・ド・ヴァン》〟の正体はナント！龍角散。誤って吸い込んでもノドに影響がないようにとの配慮からだ。

天竜人《てんりゅうびと》のマスクはペット素材。パカっと割れる仕組みだ。

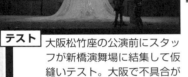

坂東巳之助

Minosuke Bando —— Roronoa Zoro/Bon Clay/Squard

十世坂東三津五郎の長男。1991年に初お目見得の後、'95年、二代目坂東巳之助を襲名し歌舞伎座で初舞台。時代物、世話物を問わず立役としてさまざまな役を演じ、舞踊でも活躍。作品や役への理解と身体表現とのバランスよい演技に定評がある。

この物語におけるそのキャラであること

ゾロ、ボン・クレー、スクアードの3役を演じた坂東巳之助が『ONE PIECE』と出会ったのは、「アーロンパーク編」が連載されていた頃だったという。

「子供の時から読んでいますから原作に対するファンの思いは自分自身がよくわかります。だからこだわれるところはこだわりました。例えばゾロの3本の刀。白柄と黒柄が2本で1本は刃を黒にし、1本は口にくわえられるように柄を細くしてほしいとお願いしました。衣裳も最初の提案は着物だったんです。だけどサンジがかなり原作寄りのものだったので、この2人が並んだ時の見え方は大事だろうと思いました。かといって、舞台でただの白シャツに腹巻というわけにもいかないですし。歌舞伎の『幡随院長兵衛』に登場するような剣道の胴着みたいなものにすればゾロのイメージに近いんじゃないかと思ったんです」

そして出来上がったのがあの衣裳で、リーゼント風に仕上がっていた髪も短髪に変更。

「黒髪と違って薄い色だと透けてしまうらしく技術的に難しいそうなんですが、無理を聞いていただきました」

演技的に難しかったのは「そこにいるだけでゾロであること」だそうだ。

「出番が短くせりふも少ない。だからこそビジュアルは大切で、座り方や振り向く時の雰囲気などを意識しました。違和感があってやりにくかったのは、刀を右に差しているので左右の感覚がいつもと逆になることでした。

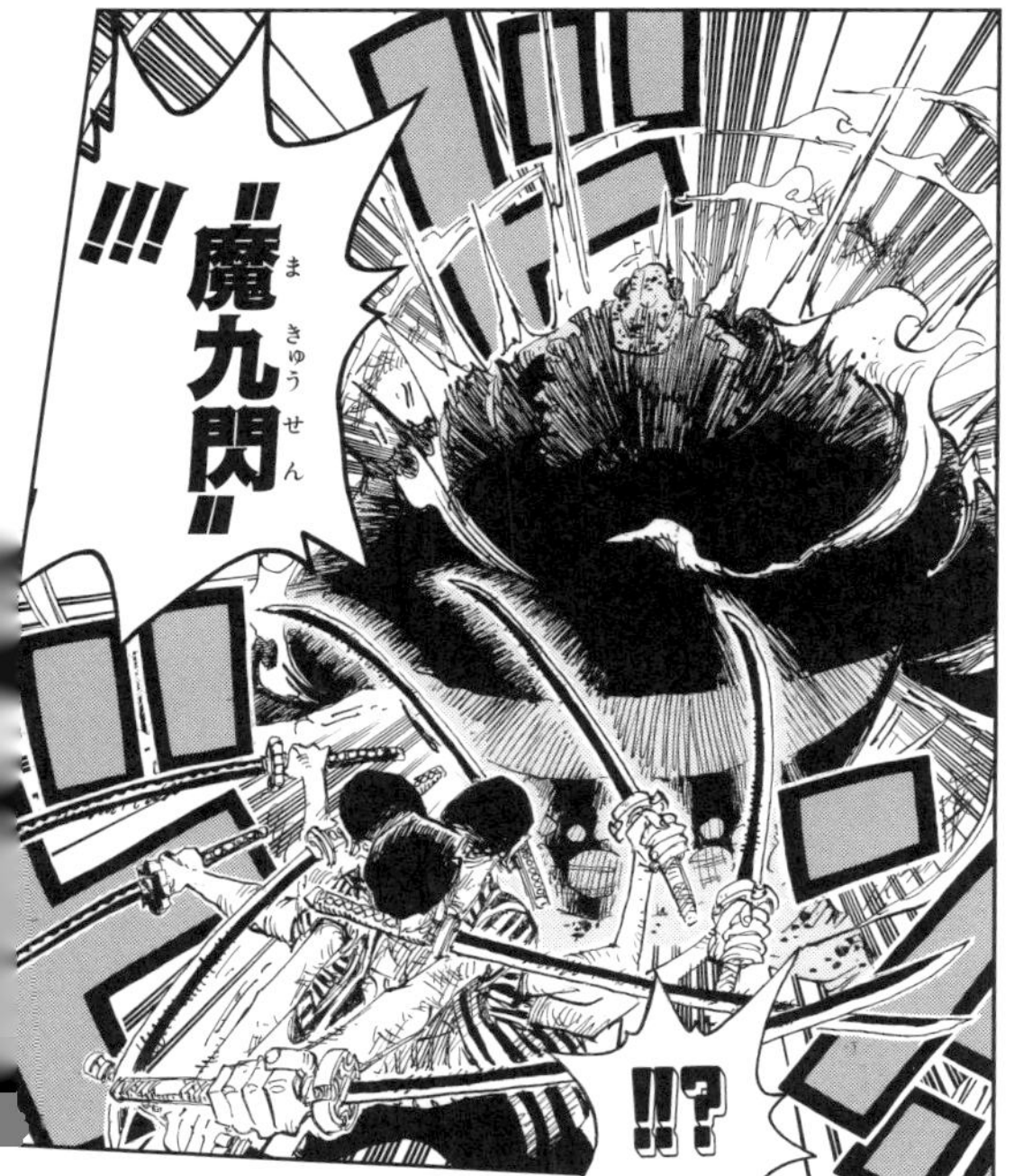

衣裳と音楽は奇抜だけど歌舞伎をやってきた身体で表現しただけなんです

（坂東巳之助）

常に3本分の鞘がドーンと右腰にあるので動きもかなり制限されてしまいますし」

歌舞伎版ゾロはそんな苦労の末に舞台に結実したのだった。

圧倒的存在感で注目を集めたのがボン・クレーだ。ビジュアルを含めたキャラの再現ぶりや物語を盛り上げる心情的見せ場に身体性を発揮してのパフォーマンスと、第二幕を余すところなく盛り上げていた。圧巻は本水の立廻りから〝オカマ六方〟による花道の引っ込みへと続く一連の場面。

「オカマ六方とかいわれていますが、衣裳と音楽が奇抜なだけで基本は歌舞伎に昔からある〝飛六方〟をやっているに過ぎないんです。だから、あくまでも歌舞伎をやって来た身体で表現しているだけ。そして嬉しかったのは本水の立廻りに『能力者なのに』というツッコミがなかったことです。理屈を超えて純粋にあの場面を楽しんでいただけたということになりますから」

ボン・クレーもイナズマも彼らに立ちふさがるマゼランも〝悪魔の実の能力者〟、つまり水に浸かったら力を発揮できなくなるというキャラ設定なのだ。その大前提を覆し舞台と客席とが一体となったあの盛り上がりは、体感した者にしかわからない醍醐味だ。

理屈を並べれば立廻りでのボン・クレーの衣裳だって「インペルダウン編」のものではない。けれどそこへのこだわりは目の前にある舞台をただひたすら楽しむための最優先事項ではない。大切なのは〝この物語におけるそのキャラであること〟なのだ。

「ボンちゃんの目の周辺の色って基本的には緑ですよね。でもインペルダウンの頃のコミックスの表紙(55巻)を見ると赤なんです。そして歌舞伎的に考えるとまさに赤のキャラ」

歌舞伎の隈取には色に意味があり、赤は正義を表している。わが身を犠牲にしてルフィたちを海底監獄から脱出させるボン・クレーにふさわしい色ではないか！

役者としての自分が試される3役

歌舞伎メイクの基本ルールが見事にマッチしたことになるが、その隈取が役づくりで功を奏したのがスクアードだった。

「スクアードというのはルフィたちより一世代上の海賊で、決して若くないスクアードを『息子』と呼ぶところに白ひげの大きさがあると思うんです。年齢的に若い自分が無理に老けようとすると、単に〝じじいをやっている人〟になってしまう。ところが隈取をするといろんな嘘がつけて年齢不詳にもなれるんです。紫で隈を取るなんてことは古典歌舞伎ではないのでそうしたことも含めて、スクアードはやりがいのある面白い役でした」

総じて言えば「身体も使うし芝居的に深いところもあり、何もしない難しさもある」3役だったという。

「今まで自分が役者としてどれだけのものを身につけてきたかを試されたように思います。『ワンピース』という新しい作品で新たな何かをしたというより、古典で勉強して引き出しにしまっておいたものをぶちまけた、という感じです」

これまでの積み重ねで身につけた〝基本〟を『ワンピース』に〝応用〟していくなかで、さまざまな〝気づき〟に出会ったという。そしてそれがまた今度は古典に戻った時に新たな実を結ぶ。

「本当にいい経験をさせていただいたと思っています」

中村隼人

Hayato Nakamura —— Sanji/Inazuma

二代目中村錦之助の長男で'02年に初代中村隼人を名のり初舞台。立役として活躍の場を広げており、端整な顔立ちと長身と恵まれた容姿を活かした役で注目を集めている。NHK『邦楽ジョッキー』のDJやドラマなど、活動は多岐にわたる

原作ファンだからこそ細やかな部分にもこだわる

「初演の初日は本当にドキドキでした。自分にとって『ONE PIECE』は毎週読んでいる大好きな漫画。それだけに、どんな舞台になるのだろうという思いで見つめているファンの気持ちは身に染みてわかりますから」

稽古場では坂東巳之助と共に『ONE PIECE』の世界観を知る存在としてさまざまな局面で頼りにされた。

「僕はどちらかというとごく一般的な読者目線のファン。巳之助にいさんは本当に細かいところまで詳しいです。舞台で描かれている物語に至るまでに、一味は色々な出会いや別れを繰り返しながらずっと航海を続けてきた。ですから、しっかりと背景を意識して何気ないところでこれまでのストーリーを感じていただけるようにしたい。にいさんとは、よくそんな話をしていました」

シャボンディ諸島の奴隷市場に、サンジとして駆けつけるところが最初の登場シーンとなった。

「花道を出て行き見得をしたら歓声が上がったんです。その瞬間にそれまでの不安が吹き飛び、皆さまに『受け入れてもらえた！』と感じることができました。そしてそこは、これまでどんな舞台でも感じたことのない不思議な空気に包まれていました」

その姿は歌舞伎ではほとんど着ることのないスーツ。

「歌舞伎らしくアレンジした衣裳もあるなかで、サンジはほぼ原作のまま。コスプレのように見えることだけは避けたかったので、マント風のどてらを着せてもらうことにしていただきました」

どてらには歌舞伎の衣裳でよく見かけるような紋様を、サンジが片時も離さない煙草は煙管に変更してもらうようリクエストした。さらに細やかなこだわりが表れたのは髪である。

「舞台で描かれている物語の段階ではサンジの左の眉毛がどうなっているのか、読者は誰も知らなかったわけですよね。だから激しく動いても左目や眉が見えないように、前髪を重くしてもらいました」

物語がずっと先まで進んだ今でこそ、みんな知っている左眉も「敢えて描かない」という徹底ぶり。そしてそのこだわりはもう一役のイナズマにも表れる。

「イナズマの髪は最初、黒髪に金のメッシュが入ったものだったんです。でも原作では真ん中で色がはっきり分かれたビジュアルになっています。なので、黒と金髪が半々の鬘にしていただきました」

そのビジュアルに象徴されるようにイナズマは性別を超えたキャラ。ニューカマーランドで舞台に出現した折には、それを意識した手の表現で女性の部分も垣間見せている。

本水の激しい闘いで自らの責任を全うする

イナズマ最大の見どころとなったのが炎の場面から本水のなかでのダイナミックな立廻りだ。

「あそこまで激しい立廻りをさせていただいたのは初めての経験でした。もちろん本水も初めて。舞台稽古の時には水のなかで体力が尽きるという、それまでにない体験をしました。気持ちは動いているのに身体がついていかなかったんです」

そんな経験を乗り越えて迎えた本番。舞台は終始大歓声に包まれた。

「本水の立廻りは宙乗りと共に大きな見どころですから、どちらも猿之助のおにいさんがなさるのが普通に考えれば当たり前。ですが、そのひとつを僕たち若手に任せてくださった。その責任を全うしなければ。僕たちで盛り上げるだけ盛り上げて、宙乗りへと繋げなければ！そんな思いで必死でした」

俳優としてのスキルは、サンジでの戸板を使ってのアクションと共に気力、体力を伴って、日を追うごとに充実していった。幕が開いてからも立廻りやアクションの指導を仰ぎ、日々の努力を積み重ねた結果だ。

「実は立廻りには少し前まで苦手意識がありました。それがこの舞台以後、古典でもさまざまな立廻りを経験させていただく機会が増え、今ではひとつの武器になりました。間違いなく『ワンピース』は中村隼人という役者にとって大きな一歩となった作品です」

『ワンピース』での経験は自分にとって間違いなく大きな一歩となりました
（中村隼人）

市川笑也

Emiya Ichikawa — Nico.Robin/Marigold

1980年、国立劇場第五期歌舞伎俳優研修終了後、4月に初舞台。'81年2月、三代目市川猿之助（現猿翁）に入門し二代目市川笑也を名乗る。透明感のある美貌で女方を中心に活躍している。近年は古典の大役に取り組む機会も多い。

ニコ・ロビン

マリーゴールド

「生きたいっ!!!!」を経てからのロビン

「この舞台が多くのお客様に喜んでいただけたのは、役者それぞれがキャラの〝肚《はら》〟をきちんと捉える努力を怠らなかったからではないでしょうか」

〝肚〟、つまり登場するキャラクターそれぞれが持つバックボーンや個性を真正面から受け止め、伝統のなかで培われた歌舞伎の演技術を駆使して表現していったということだ。連載開始から20年を経た今、ファンの心に根をおろし広く深く浸透している『ONE PIECE』のキャラは、古典の作品に出てくる著名な役柄とどこか通じるところがあるのかもしれない。

〝百花繚乱《シエンフルール》〟
「大飛燕草《デルフィニウム》」

「そうはいっても『ONE PIECE』については存在として存じ上げている程度でした。やるからには原作に描かれている人格になるべく近づけて、ファンの皆さんをがっかりさせたくない。それでまずニコ・ロビンが登場する場面に重点を置いて原作を読み、アニメを見ることから始めました。すると幼い頃からいろいろなものを背負っている女性だとわかったのです」

〝麦わらの一味〟の前に現れた時のロビンは、ミス・オールサンデーという名の敵キャラ。そこにそうしなければ生きて来られなかった女の人生がある。やがて彼女はロビンとしてルフィたちの仲間になっていく。

「その過程にドラマがあり、『生きたいっ!!!!』というせりふで有名な名場面に繋がっていきます。だからその場面の前と後では明らかに役作りが変わるはず。この舞台で描かれているのは、一度は死を覚悟しながらも生きることを選択し、ルフィたちと一緒に旅を続けることを強く心に決め

たロビン。けれども心に闇を抱えた、哀しい過去があることに変わりはない。そうしたことを心に留めながら演じるようにしていました」

　その佇まいにクールビューティーな魅力が滲む。いつまでも若々しい美貌でさまざまな女性を演じているが、スーパー歌舞伎では劉《りゅう》備玄徳《びげんとく》は女性だったという設定で描かれた『新・三国志』のヒロインや、スーパー歌舞伎Ⅱ第1作『空ヲ刻ム者』の女盗賊・双葉《ふたば》など、凛とした役が印象的だ。

「気持ちも身体も内へ内へと入っていくことの多い、古典歌舞伎の役と対照的ですよね」

　もう一役のマリーゴールドはキングコブラをモデルとするキャラクターで、原作の絵のイメージから「最初は着ぐるみでやるのかと思った(笑)」そうだ。

「脚本・演出の横内先生がおっしゃるには『叶姉妹のイメージ』。ということは派手でグラマーな女性。ロビンも相当にナイスバディですが、それを男の私がやらなければならないのですからかなり試行錯誤しました」

女方だからこそ！造形できる表現に

　ビーズのクッションを改造して工夫した結果、実現したのがあのプロポーションだった。ゴージャスな舞台装置に彩られた劇空間に生息する彼女たちは、生身の女性が演じる女性とはまた違った雰囲気を醸し出す。

「特に今回のような、実際には実在しない、普通の人間ではない特異なキャラは、歌舞伎の女方が演じる女性だから乗り越えられるところがあるのかもしれません。男性であるがゆえに妙に生々しくならないということもあるでしょうし」

　舞台の登場人物として姉のサンダーソニアと共に、きれいめに変換されたマリーゴールド。そうした絶妙なバランスのうえに成り立つビジュアルに加え、注目されたのが心情表現だ。

「ハンコック、サンダーソニア、マリーゴールドの三姉妹はかつて天竜人《てんりゅうびと》の奴隷だったという辛い過去を持つ女性。ルフィとの闘いの場面を経てそれが明らかになる展開となりますが、そうした内面の部分で隙ができないように気をつけました」

　演じて実感したのは原作のキャラクター設定が「しっかりとつくりこまれている」こと。つまり〝肚〟のある役だったのだ。

「稽古初日にいらした尾田先生はジーパン姿のごく普通の方。ちょっと拍子抜けした気すらしたのですが、改めてすごい才能の持ち主なのだなあ、と思いました。この素晴らしい原作を得て、これからスーパー歌舞伎Ⅱの『ワンピース』がどう進化していくのか楽しみです。そしてその現場に身を置くことで、自分自身もまた新たな可能性が広がっていく予感がしています」

辛く哀しい過去を持つ女性であることを心に留めて演じるよう心がけました。（市川笑也）

河合雪之丞

Yukinojo Kawai — Nami/Sandersonia

初演時：市川春猿

1988年、国立劇場第九期歌舞伎俳優研修終了後、4月に歌舞伎座で初舞台。7月に三代目市川猿之助（現猿翁）に入門し、二代目市川春猿を名のる。妖艶な美貌で女方として活躍。'17年1月、劇団新派に入団。河合雪之丞として新派の女方に。

ヘアスタイルや口元に原作へのこだわりが！

「スーパー歌舞伎Ⅱで『ワンピース』を上演すると知った時は、すごいところに着目したと思いました。作品そのものはアニメでルフィの声をなさっている田中真弓さんと親しくさせていただいておりますので、真弓さんを通じて知っているという感じでした」

ナミを演じることになってまず思ったのは「あのウエストにはなれない（笑）」だったそうだ。

「私たちがすべきは歌舞伎という誇張した演劇だからこそ！の表現で、大前提としてキワモノになってはいけない。幸いなことに私の衣裳はお着物でしたので助かりました。髪型も最初はもっと原作に近いものだったのですが、尾田先生がお描きになった着物姿のイラストを拝見して、それを取り入れさせていただきました」

〝ベリー〟という『ONE PIECE』の世界で使われる通貨記号やコンパスがデザインされた衣裳は、手の込んだ刺繍が施された豪華な一着。おしゃれでお金に目がないナミの性格や航海士という一味の中の役割がみごとに表れている。

「こういう遊び心のあるモチーフを使った衣裳で役柄の個性を表すのは、歌舞伎の特徴のひとつでもあるんです」

袂を軽やかになびかせながら、〝天候棒《クリマ・タクト》〟という武器を手に立廻りも披露。

「七五調のせりふで名のりの場面があったり立廻りをさせていただいたり。ナミとして出ている時間はそう長くはありませんが、歌舞伎らしい楽しさの詰まったお役だと思います」

ナミの出番を終えて待っているのはサンダーソニアへの早拵《はやごしら》

お見せすべきことは歌舞伎という誇張した演劇での表現です

（河合雪之丞）

え。シャボンディからアマゾン・リリーへの場面転換後、サンダーソニアの出番はすぐなのだ。

「お化粧をすべてやり直している時間はないので、〝貼り眉〟を使っています。これは早替りなどのために考案された歌舞伎の工夫で、眉を描いた布を上から貼っているんです。映像や小規模な劇場のリアルなお芝居だったら難しいでしょうけれど、豪華な装置や大胆な衣裳、お化粧の登場人物に彩られている歌舞伎ではそれが馴染んでしまう。そうしたところにも歌舞伎の懐の深さを感じます」

原作のサンダーソニアは妹のマリーゴールドと共に巨漢の女性として描かれている。

「あそこまで大きくはなれませんけれど、せめてどこか原作の雰囲気を出したいと思い、口もとにはこだわりました」

お弟子さんが工夫した手づくりのアイテムを貼り、顎まで裂けた口をみごとに表現。キャラのイメージを踏襲しつつ歌舞伎として美しいサンダーソニアが誕生した。

春猿の締めくくり 雪之丞として旅立ち

この『ワンピース』は〝市川春猿〟にとっては最後のスーパー歌舞伎となった。２０１７年１月に劇団新派に入団し、新派の女方として新たな道を歩み始めたからだ。

「新派に入ったからといって、役者としての基礎をつくってくださった師匠（現猿翁）が自分にとって師であることには変わりありません。その教えを受け継ぎ、師匠がスーパー歌舞伎に象徴されるような新たな芝居づくりで歌舞伎ファンの裾野を広げられたように、新派という演劇の魅力を多くの方に知っていただけるよう精進しなければと思っています」

歌舞伎に対して新たな演劇として誕生し、歌舞伎の様式性や演技術をよりどころとしながらも、よりリアルな表現へと発展したのが新派だ。２０１８年には誕生１３０周年を迎える新派の、さらなる新時代を担う俳優として注目を集め期待される存在。それが河合雪之丞なのである。

「師匠が創始されたスーパー歌舞伎は四代目さんへ受け継がれました。そして『ＯＮＥ ＰＩＥＣＥ』と出会い、また新たな世界を築いた作品でスーパー歌舞伎を締めくくれたことは幸せです。出演できたことが何より嬉しく、感慨深いものがあります」

歌舞伎の精神や演技術を身にまとい、河合雪之丞はまた新たな輝きを放ち始めている。

市川笑三郎

Emisaburo Ichikawa ― Grandma Nyon

ニョン婆

1986年、三代目市川猿之助（現猿翁）に入門し、三代目市川笑三郎を名のり初舞台。'94年に現猿翁の部屋子となる。実力派の女方として知られ、さまざまな役を演じている。殊に歌舞伎らしい古風な味わいのある役に定評がある。

白髪に紫の髪で歌舞伎美 苦戦した〝ニョ〟を克服

新作の場合、演劇の現場では台本もできあがっていない段階でポスターやチラシ、プログラムのための撮影を行わなければならないこともあり、初演時の『ワンピース』も例外ではなかった。

「書き下ろしのまったくの新作なら誰も知らない世界ですけれど、原作のあるものはそのイメージをお持ちの方がたくさんいらっしゃいますでしょう？『ONE PIECE』についてはほとんど存じ上げませんでしたし、手探り状態のままの見切り発車でした」

猿之助のイメージをもとに髪は白髪にすることに。

「ただの白髪でも面白くないと思ってちょっと紫を入れていただいたんです。街中で見かけるご年配の上品なご婦人のイメージです。原作よりちょっときれいめな感じに変換させていただきました」

稽古場へ入ってから頼りになったのは『ONE PIECE』を読んで育った世代のアドバイスだった。

「熱心なファンの方がたくさんいらっしゃるのに、よくわからない我々がおこがましくもやらせていただくということで、どこか尻込みしてしまうところがありました。でもおかしいところがあったら彼らが言ってくれるだろうという安心感がありました」

『ONE PIECE』には独自の特徴ある喋り方をするキャラクターが多数存在するが、ニョン婆もそのひとりだ。語尾に〝ニョ〟がつくのである。

「そういう世界観がわからなくて……。真面目な話をしている時に突然〝ニョ〟と言うのは何だかウケ狙いみたいな感じがしてしまいまして。（脚本の）横内先生がポイントとなるところだけにしてくださったので助かりました。ところがやっているうちに〝ニョ〟を使った方が、お客様が自然にご覧いただけるような雰囲気にだんだん変わっていきましてね。自分自身もその方が面白いと思えるようになり

不自然に思えた“ニョ”を楽しめるようになりました

（市川笑三郎）

ました」

　その結果、語尾の“ニョ”が増えることに。

ルフィへの重要なせりふは内容が伝わるように

　実はこのニョン婆、アマゾン・リリーの元女帝という経歴の持ち主なのである。

「この“実は”という設定は歌舞伎にもよくあることなんです。そうした人物を演じる時というのは、どこかでそれを感じさせつつもあまりわかりすぎてもいけない。そのバランスが難しいところです」

　ハンコック、サンダーソニア、マリーゴールドの三姉妹の哀しい過去を語る場面に、それ相応の人物らしさが表れる。

「あそこはとても重要なことを言うところで、物語上のひとつの分岐点でもあります。ルフィに向けてのせりふですが、内容がちゃんとお客様に伝わるようにしないといけない。歌舞伎的に考えれば、三味線が入って朗々と語るというのが一般的なやり方。でもこの作品のテンポにそれは似つかわしくない。試行錯誤しながらも大切にしているせりふです」

　そして、かつてはハンコックと同じ恋煩いという病にかかったこともあるという設定。繰り返し演じるうちに、そんな内面をも含めてニョン婆というキャラクターが、“ニョ”のつく言葉遣いと共に自然に心身に馴染んでいった。

「上演を重ねていくなかでは、脚本に手が加わったりちょっとした段取りなどが変わったりしているのですが、そうした変化にも慌てることなく対応できるようになってきました。新たにつくらなければいけない余白が生まれても、ニョン婆としてそこにいられる、という感じです」

　そんなある日、「ニョン婆がツボなのよね」という話をしていた人のことを耳にする。

「そんなふうにスーパー歌舞伎も笑三郎もご存じない方にもお芝居を楽しんでいただけたら、本当に嬉しく思います。東京での2か月、大阪、博多を経て日に日に進化していった舞台がこれからまたどう変わるのか、とても楽しみです」

クルーインタビュー

どんな壮大なプランもイメージを具現化するには技術がなければ始まらない。俳優を輝かせ、物語の感動をドラマティックに盛り上げるスペシャリストたちの、匠の技とプロ魂に注目だ！

美術 堀尾幸男

Yukio Horio

楽しいことは何でもあり 昔からの歌舞伎の精神です

〝麦わらの一味〟のイラストを配した定式幕はかなり早い段階に思いついたアイデアでした。猿之助さんがあれを最初ではなく一幕の終わりに出したいというのを聞いて、傾いているなと思いました。大阪公演からは巨大化したハンコックに驚いたところで降りてくることになる。本水でうわーっと盛り上がったところで次は宙乗りというのと同じで、熱が冷めないうちにまた次を仕掛けていく。攻めていますよ。

舞台美術を考える時はテーマを定めるのですが、今回は「海」、そして「浪」でした。舞台の両袖に配したパネルはその表れで、この浮世絵風の浪の間に出現するシャボンディ奴隷市場は西洋。ですからルフィの登場後の屋外は西洋の絵画風にしました。真ん中を切って大きなチャックをつけ、そこから人が出入りできるようにしたのは、歌舞伎にも西洋の演劇にもない手法にしようと考えてのことです。

人魚のケイミーが入っている水槽は大阪公演からメスシリンダー型に。偏光フィルムで拡大して見せるつもりが二重に！失敗したと思ったのですが猿之助さんは「それが面白い」と。これに限ったことではありませんが、猿之助さんはジャッジのリズムが非常にいいので動きやすいですね。

インペルダウンは、以前にせりに埋めた町屋や飲み屋を出現させることで京都の路地を表現したことがあり、その応用です。小さい牢屋がたくさんありながら大きい監獄もあり、迷路のようなところを経てニューカマーランドへ着いたという心づもりです。あのミラーボールは反対されるだろうと思ったら猿之助さんから「それがいい」と、お墨付きをいただきました(笑)。

滝の装置は段を細かくすることによって水量が多く見えてきれいなのでそうしたのですが、人が乗ることは想定していなかったので、後から滑り止めなどの処置を施しました。

それにしても宙乗りの場面で役者が堂々とクジラを引っ張って客席まで出ていくなんて、歌舞伎の方々じゃなきゃできない発想です。楽しいことは何でもありという、昔からの歌舞伎の精神そのもので、それがこの『ワンピース』という舞台に生かされ、原作の持つ世界と合っていたのだと思います。

衣裳 竹田団吾

Dango Takeda

デザイン画が出揃うまでにかなり時間がかかりました

男性のために女性の衣裳をデザインするのは初めてでしたし、原作の世界観をどう舞台で表現したらいいのかと思うと、最初はやはり不安でした。まず取りかかったのはスチール撮影用のルフィの衣裳で、台本もできていませんでしたし猿之助さん自身も方向性を探っていらっしゃる段階でした。

スーパー歌舞伎は主役が何度も衣裳を替えているというイメージがあり、この作品は個性的なキャラクターが多いこともあって、デザイン画が出揃うまでにはかなり時間がかかりました。

原作のエースは上半身裸なので甲冑のような筋肉質の着肉の絵を描いてみたのですが、成立しそうにないと思い変更。テンガロンハットから発想してカウボーイ風のロングコートにどてら風の襟をつけました。やはり裸の白ひげはローマ兵的な甲冑をイメージしていたところ、和のテイストでまとめることに。やりやすかったのはマゼランで、イワンコフも浅野さんがスリムな方だったので苦労はありませんでした。猿之助さんとのキャッチボールを繰り返しながら決まっていったのですが、イナズマは森蘭丸とおっしゃったのでそこから革命ということで天草四郎をイメージしました。本水に入る役は水濡れ用に乾きやすいものを別に用意しています。水圧で脱げやすいなど具体的なアドバイスもいただきました。センゴクの帽子は「秦の始皇帝で」という要望でしたので、そこにフランスっぽさを加えてみました。ナミの着物の刺繍や戦桃丸のモチーフなどはかなり手が込んでいます。

ジンベエは牙をネックレスで表現しようとしたところ、顔に描くというので驚きました。歌舞伎の皆さんは思いもよらないメイクをされ、それが舞台で観ると映えることを勉強させていただきました。オーズは継足で大きさを出しましたが、あまり動かなくても役として成立させることができる歌舞伎だからこそ、の経験でした。

原作に詳しい巳之助さんと隼人さんからいろいろアドバイスいただいたのですが、皆さんもだんだん詳しくなられてご要望をいただくようになりました。あまり近づくのも危険だと思い、後半はそのバランスには気をつけながらやることとなりました。

髪《ヘア》 宮内宏明

Hiroaki Miyauchi

みんなでいいものを！気概に満ちた現場でした

ミュージカルなどのウィッグと違って歌舞伎の髪は土台が地金で、今回はその両方の髪が混在する形になりました。ですから歌舞伎の髪屋さんといつも僕らがお願いしている髪屋さんと、その住みわけが大変でした。

それ以前の問題としてまずデザインを決めなければなりませんが、猿之助さんは最初もっと歌舞伎寄りのものを考えていらっしゃいました。具体的な歌舞伎の役名を示して説明なさるのですが、そもそもそれがどういうものなのかわからず、伝統の奥深さを知るにつけ自分にはできないかもしれない、と思ったこともありました。

〝麦わらの一味〟には明確な色のイメージがありますし、原作に詳しい巳之助さんには独特のこだわりがありました。ゾロが決まるとサンジのあるべき姿も見えてきて、だんだん歌舞伎色が薄れていく中で、次第に方向性が定まっていきました。

自分たちにとっても歌舞伎の髪屋さんにとっても刺激的な現場で、だんだん「こういうのは経験ないけどやってみたい」というように、みんなで挑戦していいものをつくろうという空気が芽生えていきました。ジンベエのもみあげの飾りは歌舞伎の髪屋さんが付け加えてくださったもので、面白いアイデアだと思いました。

イナズマは、最初はメッシュだったのですが2色に。水に濡れるものは乾きやすいように化繊でつくっています。水に濡れるというシチュエーションはこれまでにもありましたが、イナズマの最後のドカ水には驚きました。毎回乾かして結い直している床山さんの手間はたいへんなものです。

全体を決めていた猿之助さんの髪は最後になってしまい、博多座公演まで修正を繰り返しました。大きく変わったのはシャンクスで、ルフィもハンコックも微妙に変わっています。

歌舞伎の方は小さい頃から舞台の髪に慣れ親しんでいますから、ご自身が似合うラインとかをよくご存知です。だからこだわりも細かい。それにしても驚いたのは生え際が大胆に見えている歌舞伎の髪です。でも歌舞伎の衣裳やメイクに合わせると気にならない。本当に勉強になった現場で、いい経験をさせていただきました。

振付（和）

尾上菊之丞

Kikunojyo Onoe

洋舞に寄せるのでなく 和の素地を生かしました

洋舞を主体とする舞台で、自分の役割は穴井豪さんが振り付けたダンスを歌舞伎役者の身体で表現するための〝翻訳〟をすることがまずひとつ。それから全体のステージング、さまざまなバランスを俯瞰で見て猿之助さんの手伝いをする、というものでした。猿之助さんがダイナミックに大枠を決めていくなかで、細かいところや、出演者としてご自分が中に入った時の客観的な見え方の確認といったことです。

舞台で表現するためには、漫画の世界をなぞっているだけでは面白くないですし、ただ面白いだけではいけない。やはり美意識のようなものがなければ。漫画やアニメの世界が持っている、ある種のキメポーズを尊重しつつ、そこから歌舞伎の定番の動きへと引っ張り込んでいく、というような作業でした。せりふのタイミングなども含めて。

どちらかに無理に寄せるのではなく、和洋折衷のところに持っていった方が、全体的な底上げ感に繋がり、リアルな時間軸でない無国籍で不思議なものが出来上がっていく、そんなことを感じさせる現場でした。

根本的な身体の使い方が違いますから、歌舞伎役者はダンサーのようには動けないわけですが、その違いがまた逆に面白いのだとも思います。ですから、元々持っている素地を生かしてどう見せていくか、そのコード変換の手がかりはちょっとしたところにあったりします。「ワン、ツー、スリー」というカウントを「ひぃ、ふぅ、みぃ」と言い方を変えるだけで急に身体に馴染んでくるとか。身体にしみ付いてしまっているがゆえに違和感を抱いているところを見つけては、それを取り除くという作業でした。あとは……。楽しい現場だけにそこで行き過ぎになりそうな時に、ちょっとうるさいお兄さんになる、とか（笑）。

猿之助さんは同世代の中でも知性が光る存在で、的確な判断で周囲の人を引き寄せてものごとを推し進め、なおかつ俯瞰の目を持っている。決断のタイミングやスピード感含め、稀有な才能だと思います。その猿之助さんがスーパー歌舞伎Ⅱとして、新たな道を切り拓かれている現場に立ち会え、お手伝いができたのは自分にとって幸せなことでした。

振付（洋）

穴井豪

Go Anai

慣れない洋舞の動きに ご苦労されたと思います

『ONE PIECE』は連載開始から読んでいた大好きな作品で、その舞台に参加させていただくことになるとは思いませんでした。歌舞伎の役者さんに洋舞を振り付けるというのは初めてで、日本舞踊とは身体の動かし方が違う中で根本的な部分をどうお伝えすればいいのか。それがまず大変でした。

特に女方さんの場合は内股が基本ですが洋舞は逆。真逆のことを体現するわけですから、ご苦労が多かったことと思います。そこでそれをどう摺り寄せるかという点で心強い存在だったのが尾上菊之丞先生です。日本舞踊には存在しないカウントという概念を〝翻訳〟し、全体でどう見せていくかなど様々なアイデアをくださって、本当に助けていただきました。

その慣れない身体の動きを役者さんがだんだん面白がってくださるようになったのですが、そうすると今度は自由度が増してしまって…（笑）。それを直そうかとも思いましたが、とても生き生きしていて、何より舞台の上でそのキャラクターとして成立している。その見せ方、徹底ぶりはまさにプロだと思いました。そうした一流の方が、僕のような年下の、よそから来たダンサーの言うことに耳を傾け、まるで新人のように真摯な姿勢で取り組んでくださったのは、本当にありがたいことでした。今回の舞台は京都での舞踊公演がご縁で、猿之助さんにお声をかけていただいたのがきっかけだったのですが、見知らぬ世界にいきなり放り込まれたような状況でしたから、最初はものすごく緊張していました。

振付だけでなく、アマゾン・リリーではフォーメーションチェックの役割も兼ねて自分も踊り、三幕ではブラメンコ役でほんのちょっとですがせりふも言わせていただきました。いろいろなことが同時進行している中、曲が完成する前に先行してカウントで振り付けていかなければならないこともありました。本当に初めて尽くしの、そして貴重な経験だらけでした。

そんな中で実感したのは、伝えたい思いを明確に持ち誠意を込めて接していけば、信頼の絆は広がるということ。ルフィの生き方を少しは学べたのかな、という気もして、とてもとても幸せに思っています。

特殊効果

田中義彦

Yoshihiko Tanaka

できたら面白いね！にチャレンジする現場です

スーパー歌舞伎は基本的に物量がとんでもなく多いのですが、今回はいつにも増して！でした。原作を尊重しつつ〝普通の人間が扱えるもの〟としてオリジナルでデザインしていかなければなりませんでしたので。

『ONE PIECE』を舞台でやると聞いてまず思ったのは「ゴム人間をどうやるんだ？」ということでした。実際に稽古が始まって映像やダンスでルフィの技が表現されることになりちょっと安心していたある日、「やっぱり、手を伸ばしたい」という話になりまして。それでパンチの仕掛けをつくることになりました。伸ばすのはさほど難しくなかったのですが、さっと引っ込めるのが大変でした。

試行錯誤の結果、完成したものを猿之助さんに見せたところ「本当にできちゃったの？」ですから(笑)。すごく喜んでいただきましたけれども。それまでいろんな手法で見せておきながら最後はやっぱりブツが出る。そこがやっぱり猿之助流ですよ。

スーパー歌舞伎の現場は歴代そんな感じで、できたら面白いねということにどんどんチャレンジしていく。我々も思いついたことをプレゼンして、それがよければ採用というシステム。そういう自由な発想と空気がさまざまな創造につながっていくんです。

宙乗りの場面は「海のカーニバルにしたい」ということで小さな魚もいっぱい浮かしたいというご希望だったのですが、ワイヤーに絡んだら危険なので最終的に大きなくじらになりました。そうしたら、くじらの目の表情など細かいところにこだわっていました。

滝の場面の最後のドカ水は、タンクをゆっくり回転させることで、水量を多く見せる工夫をしています。巨大ハンコックの乗るリフトなど、こうした仕掛けや、衣裳、小道具、黄猿のレーザー光線、エースの手から火が出る仕掛け、ゾロのピアスやルフィの顔の傷シール、多種多様なものを手がけています。原作のあるものは難しい問題が多いのが通常なのですが、今回はかなり自由にやらせていただきました。それでもちゃんと『ONE PIECE』の世界観が出ているのは、もともと持っているものが歌舞伎ととても合っていたということなのだと思います。

Profile プロフィール

宮内宏明

みやうち・ひろあき　ヘアメイクプランナー。'05年にプランナーとして独立。舞台作品を中心に、TV、CM等でヘアメイク、ウィッグデザイン、特殊メイクと幅広く活動を展開。'17年『銀魂』（福田雄一監督）で初めて映画のヘアメイクを担当。

竹田団吾

たけだ・だんご　衣裳デザイナー。'80年、大阪芸術大学入学と同時に劇団☆新感線に参加。映像制作、小道具、俳優等を経て、'90年より衣裳デザインを開始。独自の世界を築き、舞台、映画、特撮、CM等で特殊衣裳のデザイン・制作を行う。

堀尾幸男

ほりお・ゆきお　舞台美術家。'81年、オペラ『ルチア』の美術を担当。以降、演劇、ミュージカル、オペラと様々な舞台美術を手掛ける。NODA・MAP、劇団☆新感線作品でも知られる。'14年、スーパー歌舞伎Ⅱ『空ヲ刻ム者』の美術も担当した。

田中義彦

たなか・よしひこ　(有)アトリエ・カオスの前身に'74年から参加し特殊小道具、特殊効果のプラン、デザインを手がけている。歌舞伎、オペラ、コンサート、テーマパークとジャンルを問わず幅広く活動。スーパー歌舞伎は'86年の初演から参加。

穴井豪

あない・ごう　ダンサー、振付家。'05年よりコンテンポラリー・ダンスカンパニー「Leni-Basso(レニ・バッソ)」のメンバーとして17か国で舞台に立つ。'09年よりフリーランスに。以降、ミュージカルやコンサート、CM等の振付を手掛けている。

尾上菊之丞

おのえ・きくのじょう　日本舞踊尾上流四代家元。'90年より舞踊家として本格的に活動を開始。歌舞伎俳優、能楽師等幅広いジャンルのアーティストとのコラボレーションに積極的に挑戦。数多くの歌舞伎公演、演劇公演の振付を手掛けている。

キャプテン猿之助の スーパー歌舞伎Ⅱワンピース 演出ダイアリー 第二幕

Log 7

あのキャラも登場!! 大監獄が舞台に出現!!

美術　前後に飾った大小の牢屋は鉄格子で透けているため、両方を見せることもでき、せりで引っ込めることもできます。（堀尾）

インペルダウンは可動式で動く牢屋が面白くてね。だから横に開いていた部分を閉めて看守を閉じ込めようって言ったんだ。で、みんなで通路を全速力で走ろうって。映画『バイオハザード』みたいにサイレン鳴らして。あれだけの人がセットの隙間を駆け抜けて、誰かひとりが躓いたりしたら大変なことになる。だから危ないんだけど、みんなが緊張感を持って取り組んでくれたおかげで疾走感のある場面になったと思う。

ボンちゃん役の巳之助さんは稽古場の時から笑いの中心になっていた。二幕は本当に彼あってこそ！だ。ゼロ番牢を道具ではなく照明で表現したのは、裏に滝の場面のための水槽がスタンバイしているから。制限のあるなかで舞台監督の井口さんが盆やせりの使い方を工夫してくれている。

クロコダイル、シリュウ、バスコ・ショット、バギーも登場！バギーの〝バラバラの実〟の能力は歌舞伎『鈴ヶ森』の手法で表現。

スーパー歌舞伎の舞台裏知りたい SKBS 5

プラスアルファーのお楽しみ!! 劇場で体験しよう！

一幕終了時に出現するのが〝麦わらの一味〟の描かれた定式幕。歌舞伎カラーの幕にキャラが絶妙に配置されたデザインはワクワク感でいっぱいだ。舞台は撮影禁止だけれどこれはOKというから嬉しい。そして2017年の東京公演では二幕ラストの宙乗りの場面を盛り上げるグッズ「スーパータンバリン」も登場。撮って鳴らして、体験型アトラクションっぽくも楽しめるのだ。

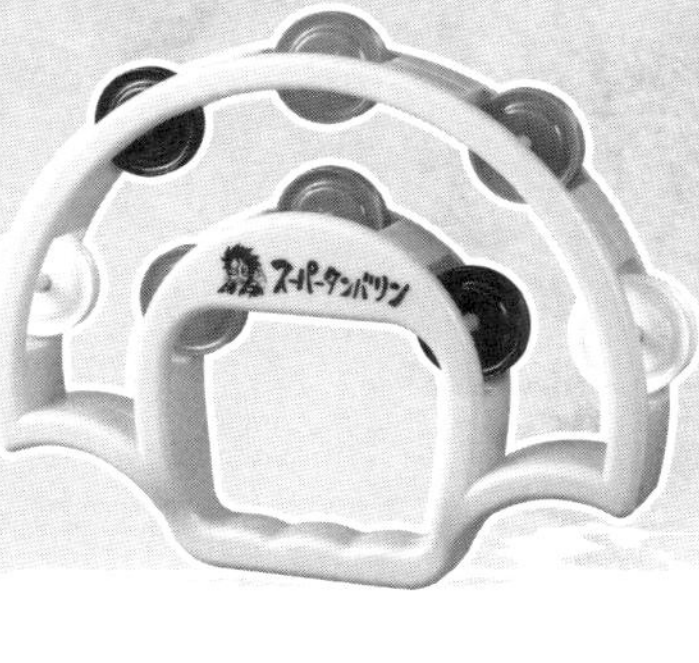

スーパータンバリンと書かれた文字は尾田先生の描きおろしでルフィの絵も!!

大阪公演から登場した新キャラがサディちゃんだ。初演ではルフィがハンコックのマントに隠れてインペルダウンに潜入する場面があったのだけどそれをカット。二幕はサディちゃんの鞭の音が響く中で始まる。監獄署長のマゼランの毒にやられて、ルフィは瀕死となるわけだけど、それをせりを使って表現することに。

ルフィが地下のゼロ番牢を探して床下へ入って行くと、そこにマゼラン、サディ、ハンニャバルが現れる。その間、床下で僕は素早く着替えるという段取りだ。マゼランの毒噴射を浴びたルフィは髪も乱れ、衣裳はさっきまでの赤ではなく黒っぽいものに。

特殊効果

花道でのマゼランの毒噴射は小さなスモークマシーンを使い、それに照明を当てて色をつけてもらっています。（田中）

衣裳

サディちゃんの衣裳をアニマル柄にしたのは、舞台ではただのレザーだと面白くないだろうと思ったからです。（竹田）

Log 8

マゼランの毒霧に倒れるルフィ!! 生死の境で見る幻影は!?

物語は前後するけど、ニューカマーランドで出会ったイワンコフの〝ホルホルの実〟の能力によって一命を取り留めるルフィ。原作にはない場面として描かれるのが生死の境を彷徨うルフィが見る幻影だ。治療を受けたルフィは白い衣裳に白の病鉢巻。これは『ヤマトタケル』での傷ついたタケルのイメージを踏襲している。病鉢巻はその名の通り人物が病であることを表す歌舞伎の約束事。ここで活躍するのが子役のチョッパーで、博多座での初演を目前にしてみんなでお花見をした時に竹田さんが桜の演出を提案してくれた。原作ファンには喜んでもらえ、さらに美しいシーンに。傷ついたルフィの心模様を表してくれたのは音楽の道山さんと照明の原田さん。元気を取り戻したルフィの再起を表す力強い笛の音は『オオクニヌシ』の応用だ。

桜はチョッパーとその恩人であるヒルルクの心の交流を描いたドラマの重要なキー・アイテム。JC17巻に収録。

Log 9

一本取られたよ!! ニューカマー情熱のタンゴ!!

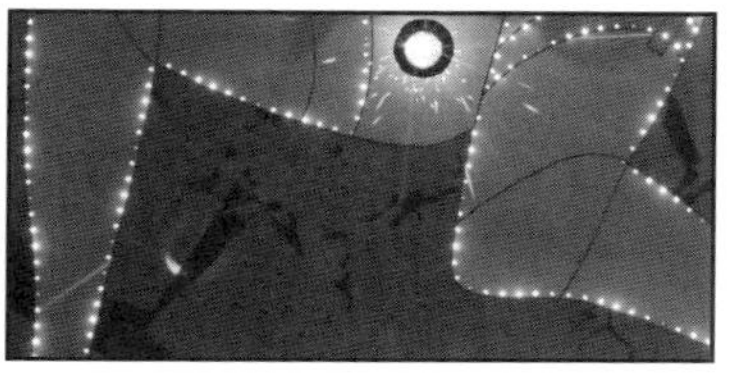

サイケでカラフルなニューカマーランド。そこに燦然と輝くシンボルは⁉

振付（和） 洋風の動きを和風に変換し、カウントの取り方を「ひぃ、ふぅ、みぃ」に言い換えてやっていました。（菊之丞）

振付（洋） 俳優としてキャリアある皆さんが真摯な姿勢で懸命にステップの練習をしている様子に感動しました。（穴井）

鉄骨の無機質な檻の間から突如！出現するのがサイケでカラフルなニューカマーランド。お股のミラーボールについてはためらう声もあったけど、ここはちょっと卑猥なほうが面白いからつけようと主張。登場の時の音楽イメージは『ジーザス・クライスト・スーパースター』で、道山さんの音楽が完成するまではそれをかけて稽古していた。

イワンコフもイナズマも革命軍の戦士。それで思い浮かんだのがチェ・ゲバラで、なぜかわからないけどゲバラとタンゴが結びついてみんなで踊ってもらうことに。傷ついたルフィが横たわるベッドを初めて見た時はびっくり。堀尾さんが用意してくれたのは真っ赤な大きなくちびるだったのだから。

ルフィが回復してからのダンスはいろいろリクエストしてとにかく賑やかにしてもらった。いきなり4人のニューカマーが激しく踊り出す音楽はケチャ風、そこから定番のフレンチカンカン。絶対に入れてと言ったのはリンボーダンスだったんだけど、ここはけっこう激しい踊りが続くのでみんな苦戦していた。得意のパントマイムをしてもらうことにした浅野さんが稽古場で突然！やり始めたのが「でかしゃった！」。まるで歌舞伎『伽羅先代萩』の政岡のせりふまわしで、面白かったので取り入れることに。せっかくだからルフィとの絡みにして三味線で伴奏をつけてもらうことに。これは歌舞伎役者ではない人がやるからこそ、面白い。

奇跡の回復力で元気を取り戻したルフィ。イワンコフの率直な思いが「でかしゃった！」というせりふに表れる⁉

Log 10 赤幕そして花道の七三!! 怒涛のアクション目白押し!!

赤幕が揺れ動く炎のシーンは『ヤマトタケル』からの伝統で、そのシーンを初めて目にした小学生の時のことは忘れられない。学校が終わって劇場に駆け付け、ドアを開けたら舞台一面真っ赤だったのだ。以来、スーパー歌舞伎にとってこれはテッパンの演出。

ここは爆発が起こりニューカマーランドが火に包まれるという設定。歌舞伎に昔からある「振りかぶせ」という手法で赤幕が降りてくると、そこは火の海。後ろで人が揺らしている赤幕に原田さんが赤い光を当ててくれたため、さらに深みのある炎を表現することができた。赤幕と舞台の縁との間にはあまりスペースがないのだが、ここでニューカマーや看守たちが立廻りを繰り広げる。本水へと続くイナズマの見せ場だ。大阪公演からはサディちゃんにも立廻りに加わってもらった。隼人さん、右近さん、若い二人に活躍してもらっている間、赤幕の後ろでは滝の場面の準備が着々と進められていく。

舞台監督

使わない時の牢屋はせりに埋め込んでいたのですが、埋めたままでは滝の装置を乗せることができません。裏ではそうしたやりくりが大変でした。（井口）

技《アクション》

赤幕前の立廻りは狭いので注意が必要です。気をつけないと、応戦する相手だけでなく後ろで幕を揺らしている人にも剣が当たってしまいます。（渡辺）

歌舞伎で見せ場となる演技が繰り広げられるのが、花道の七三と呼ばれている舞台寄りの部分。イナズマとサディちゃんもここで激しくバトル。

スーパー歌舞伎の舞台裏知りたい SKBS 6

大実験!! 舞台に滝はできるのか!?

埼玉県のとある倉庫で行われたのは二幕の大きな見どころとなる滝の装置の実験。「ありえないくらいの水を流して」という猿之助さんのリクエストで大量の水を放出。水の出方や量を一通りチェックし、もう一度試そうとしたところ「水が溜まるまでは4時間かかります」。って、いったいどれだけの量!?この折の猿之助さんがひらめいた一言で段に人が乗ることに。

Log 11
客席まで水しぶき!! ずぶぬれで圧巻の立廻り!!

音響
生でやっているという臨場感をいかに届けるかで、水の音も迫力のひとつ。あの音に負けない歌舞伎役者さんの声量はたいへんなものだと思います。（小寺）

技《アクション》
滝の段は幅が狭く下の水槽もスペースに余裕はなかったのですが、今回のメンバーならやれると思いました。そしてその期待に応えてくれました。（渡辺）

大迫力の立廻り。前方の観客にはビニールシートが配られて、まるで体感型アトラクション!?

赤幕が振り落とされると出現するのが大滝で、そこではボン・クレーがマゼランとハンニャバルを相手に応戦中。まずは歌舞伎らしくバッタリの見得で見せるという趣向だ。そして客席に水しぶきを飛ばしながらの怒涛の立廻りとなる。

ここは海底監獄の壁が破られ水が流れ込んでくるという設定だ。スペクタクルで見せるシーンではあるけれど、芝居である以上はちゃんと物語になっていなければいけない。「上からストーンと落ちる滝」とリクエストしたところ、出来上がったのは細かい段がついた装置だった。段に水が当たるとそれが水しぶきになり、そこに照明を当てると本当にきれいだ。

堀尾さんはまさかそこに人が乗るとは思っていなかったらしいけど、アクションの渡辺さんが大丈夫だと言うので、看守の人たちにはそこから飛び降りてもらうことになった。

本水の立廻りがいかにお客様を沸かせるか、身をもって実感したのは『新・三国志』でのことだった。あの時に猿翁の伯父に習ったテクニックを今度は、巳之助さんと隼人さん、それから大阪公演から加わってもらった右近さんに伝授する。簡単に言ってしまえば、自分から率先して水にかかりに行きなさいということ。イナズマ目がけて最後に上から落ちてくる大量の水は、井口さんの「ドカ雪があるんだからドカ水があってもいい」という一言から。

本水の後に花道を引っ込むのは、『新・三国志』で僕が演じて当たった演出だ。台本には「花道、六方にて引っ込み」と記されているだけ。看守を挑発するしぐさは巳之助さんが考えたもので、音楽も彼が音源を作成してイメージを伝え、僕の「拍手をかっさらって」という期待にみごとに応えてくれた。

Log 12

くじらも泳ぐ!! 宙乗りファーファファータイム!!

映像

劇場の壁など客席エリアにまで映像を映したのは初めてのことでした。ここまでやっていいんだ！と思いました。（上田）

特殊効果

くじらの体長は約８メートル。３日おきくらいにヘリウムガスを補充し、使わない時は舞台袖に浮かべていました。（田中）

三匹の猿を意匠化した「三つ猿」は猿之助さんの紋。キラキラ輝くラインストーンと共にサーフボードの裏にあしらわれている。

本水から宙乗りの場面へ。スペクタクルの連続となるこの流れは今までになかったことだ。技術的にそれをどうクリアするかに加えて、宙乗りをどう見せるかが問題だった。原作尊重ならば猿弥さんのジンベエに僕が乗ることになるけど、それではちょっと滑稽だ。そんな時、スタッフのひとりが見ていたライブ映像でサザンオールスターズの桑田佳祐さんがサーフボードに乗っている姿を発見。これだ！ということになったのだ。

テーマ曲『TETOTE』の大合唱で盛り上がるこの場面で出現するくじらはすっかり有名になったけど、最初はサメの予定だった。ところが実験したらサメの形状だとうまく宙に浮かないことがわかった。それでくじらに変更したのだけど、あのくじらが最初と最後にまるで絵のようになるとは劇場で実際にやってみるまでは誰も思わなかった。

サーフボードを「後ろに蹴り上げるようにしたら」とアドバイスくれたのは菊之丞さんで、やってみたら効果てきめんだった。

スーパー歌舞伎の舞台裏知りたい SKBS 7

まさかの展開!! 囚人達が大増殖!?

舞台のセリ穴からよじ登って来る囚人たち。牢を破って次々にルフィの元に集まって来る様子を表現しているのだが、この場面に出たいという志願者が続出。〝まさかのあの人〟が変装してまで出演し、気がつけば大人数に。その中には出現度超激レアのキャラも存在!!

ENNOSUKE ICHIKAWA

SPECIAL TALK

市川猿之助×北川悠仁

YUJIN KITAGAWA

類まれなる才能がシンクロして生まれたのが『ワンピース』のテーマ曲『TETOTE』。互いにリスペクトしあう２人のスペシャル対談は、名曲誕生秘話から100年先の未来の夢まで、語り尽くします！

ルフィと繋がっていくみんなの気持ち

猿之助　初めて『TETOTE』を聴いた時の衝撃は忘れられないですね。主だったスタッフが稽古場の小部屋に集まって、まるで聴いてはいけないものを聴くようなかしこまった雰囲気でした。そこに「タカタカタッ、タカタカタッ」という音が流れてきた。

北川　最初に聴いたのはファストバージョンだったんですね。

猿之助　あまりにぶっ飛んでいたので歌舞伎になるのか、と思いました。だけど聴いているうちに逆にいけたな、と思えたんです。というのも予想したものとまったく、ひとつもかぶらなかったから。つまりそこには自分が持っていないものがあった。それですぐに稽古場のみんなを集めて聴いたところ、盛り上がっちゃってね。

北川　正直、駄目って言われると思っていました。そうしたら全然違った！

猿之助　それでここまで行くんだったら演出もぶっ飛ぼう！と、思えたんです。それで突き抜けられました。スーパー歌舞伎といえども、1986年からやっているのでそれなりに歴史があるわけですよ。ある意味、古典になってしまっているんです。

北川　なるほど。

猿之助　だから古典としてのスーパー歌舞伎を期待している人もいる状況のなか、曲を聴いたみんなが「四代目らしいね」って言ってくれたことにとても勇気づけられました。

それも歌舞伎とは別世界で活躍する北川さんとの繋がりがあってこそ。これは伯父の時代にはなかったことです。その曲のタイトルが『TETOTE』というのがまたいいなあ、と。すごく『ONE PIECE』らしいし、ルフィの手にも通じていますから。

北川　ありがとうございます。ただ、ルフィというキャラクターはつかみどころのない感じがして、曲の主役にするには難しいところがありました。

猿之助　でしょうね。わかります。

北川　それでルフィの周りに集まって来る、ルフィと繋がっている人たちの気持ちを曲にしたらいいのではないかと思ったんです。そこからの発想でした。

猿之助　曲と詩はどっちが先だったんですか？

北川　同時でした。「手と手、繋いで」というフレーズがパッと浮かんだんです。繋ぐとか、手を合わせて祈るのとかそういうシーンが見えてきて、カーテンコールでみんなが手を繋いでいる様子まで思い浮かびました。人と人との絆の象徴としての手……。そうやってまずサビから出来上がっていったんです。

猿之助　手ではなくTE。表記をアルファベットにしたのには、どういう思

伝統ある歌舞伎の世界にかかわることができたのは、まさに宝物のような出来事です。 北川悠仁

いが込められているんですか。

北川 記号化してしまうことでメッセージ性が和らぐんじゃないかと思ったんです。漢字で書くと少し重くなるというかメッセージを受け取らなきゃ、みたいな感じがしませんか?

猿之助 確かに。禅を「ＺＥＮ」と書くと普遍的にもなるのにも通じる。

北川 歌舞伎なのにこれでいいのかとは思いましたけれど、このほうが先入観にとらわれずにスッと曲に入っていけると思ったんです。それぞれ自由な発想で受け止めてもらいたくて。

猿之助 みんなが何をどう受け止めたのかはそれぞれだと思いますが、ひとつ言えるのは、この曲を聴いてから稽古場の雰囲気がガラリと変わったことです。僕がそうだったように、きっと自由になれたんだと思います。

型破りの新しさは歌舞伎の原点でもあった

北川 観に行って驚いたのは、『ＴＥＴＯＴＥ』が流れるルフィの宙乗りの場面でみんなが客席から立ち上がって一緒に歌ってくれていたことです。しかも若い人だけでなく、それこそご年配の方までまるで少女のような笑顔で！あれには感動しました。

猿之助 で、いつしか〝ファーファータイム〟と呼ばれるようになって。

北川 歌舞伎は素人の僕から見ても、もしかしたら怒られるんじゃないかと思うようなことが起きていた。だけどそこにいる人は誰もがすごく楽しそうで。これまでなら考えられなかったようなことを猿之助さんはやってのけられたわけで、それは文字通り型破りではあるんだけれど、力いっぱい壊して新しいものをつくるすごさというものを感じました。

猿之助 その一方で実は原点に立ち返ったともいえるんです。歌舞伎には流行歌や最新の音楽を取り入れて進化してきた歴史があって、三味線だって

江戸時代においては海外にルーツがある新しい楽器だったわけだから。

北川　そうだったんですね。

猿之助　歌舞伎はそうやって最新の音楽、歌と密接な関係にあったのに、いつしか歌の部分だけが取り残されてしまったようなところが実はあるんです。その忘れ去られた〝歌〟を『ワンピース』ではようやく取り入れることができたともいえる。そして改めて歌というもののすごさを実感させていただくことができました。壊すことで、本来の歌舞伎になれたんです。

北川　伝統というものをちゃんとわかっている人がやっているからこそ、大筋から外れることなく貫いていける、ということだったのですね。

　それから今、すごく僕が感じているのは、苦しみが大きければ大きいほど、さらに高みに向かっていくことができる、ということなんです。その推進力みたいなものを『ワンピース』という舞台から感じました。だって横浜で会った時の猿之助さんは……。

猿之助　もう一昨年(2015年)になるのかな。確か5月。まだあの頃はどこまで歌舞伎テイストを残すかとかまったく考えられていなくて、皆目見当もつかなかった。で、そんなこと全部、ぶっちゃけたんですよね。

北川　いつお会いしてもパワフルで前へ向かっている印象の猿之助さんが、中華街でご飯食べている時ですらもキャップを目深に被って静かだった。後にも先にもあんな猿之助さんは見たことない。そのくらい悩まれていましたよね。あれこそが次に進むためのバネだったのですよね。

猿之助　食事の後、場所を移して「じゃあ曲を作ってよ!」って頼んだ。で、その時に、みんなで盛り上がれるようなテーマ曲であり、それがいろんなアレンジになったらいいね、って。そんなことを話したように思う。

北川　そうでした。

ゆずの進化するライブを見せつけられているから、僕も負けていられないって思います。

市川猿之助

猿之助　で、実際にそうなった。

北川　でも実際、まさかあそこまで、いい意味で使い倒してくれているとは思いませんでした。

猿之助　実は僕らも最初、オープニング曲が『TETOTE』だということに気づいていなかったんです。「た〜んたたた〜ん」と始まった時、（音楽監督の藤原）道山さん、いい曲つくってくれたなぁと思って感心していた。そのうち「あれ？これって……」となった。

北川　本当に素敵にアレンジしていただきました。

猿之助　スローにすれば荘厳な曲になるし、テンポを上げればノれる。立廻りでも使えればしんみりした場面でも効果を発揮する。本当にすごい曲だと思います。

北川　会えばいつも話していることだけど、僕らが目指していることって、ある種、前衛的ではあるんだけど、それは人と違うことをやりたいというようなことではない。だからマニアックなメロディーにしようとはまったく思っていなくて、どう形を変えどう扱われても崩れない、普遍性を持ったメロディーがいいんだろうなと思いながらつくってました。

みんな誰もが笑顔！歌と演劇の力!!

猿之助　本当にあの曲のおかげでどんどん芝居が変わっていき、助けられました。役者が気持ちよくやれる音楽というのは絶対に存在していて、『TETOTE』はまさしくそうなんです。曲に助けられて身体も気持ちも動いていく。だから自然と目が潤んでもくる。これこそ、歌の持つ力ですよね。〝北川悠仁のつくった曲〟があれば、僕らの力が足りなくても、もうひとつ先へ連れて行ってもらえるんです。

北川　僕は逆に自分がつくった曲なのに観ている時はそれを忘れていました。そのくらい舞台はすごいものになっていた。そこにまた感動しました。

最初はやっぱり緊張するわけですよ。かかわっている以上はどういう舞台になるんだろうという思いがあるから。

猿之助　そりゃそうですよ。

北川　だけど観終わった時にはすっかりただのファンになっちゃった。こういうことってなかなかないから、関われたことが本当にうれしいです。

猿之助　それで博多座もわざわざ観に来てくれたんですよね。

北川　あんなふうにひとりでライブだけ観に行くなんてこと、基本ないですよ。東京もすごかったけど、さらに熱狂的な盛り上がりになっていて。

猿之助　博多公演中には熊本地震があって、あの時は上演すべきかどうか悩みました。白ひげは〝グラグラの実〟の能力者で地震が出てくる芝居でもあり、何よりたくさんの方が命を落とされている状況でしたから。

結局、幕を開けることになりましたが、来られなくなった方の空席が目に入るわけです。

北川　……。

猿之助　その日から幕間に募金を始めたんですが、身近な人を亡くされたり家を失ったりした人が募金の列に並んでくれるんですよ。

北川　！

猿之助　そして「来てよかったです」って言ってくれるんです。それも笑顔で！泣きたい気分のはずなのに。「私たちは笑いたかったんです」って。これこそ、歌と言葉が出ませんでした。

TETOTEの繋がり 夢は海の向こうへ

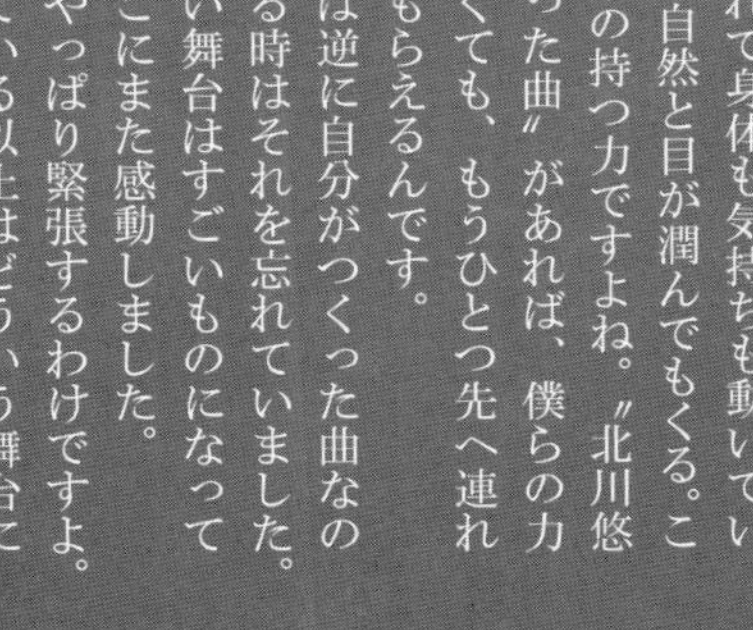

終始、打ち解けた雰囲気で語りあう２人。未来における夢のコラボ実現に向けて意気投合したところで撮影タイム。そこで盛り上がったのは『ワンピース』のフランス公演実現の話題で、「絶対に夢をかなえて今度はパリで対談しましょう！」と誓い合ったのでした。

演劇の持つ力だと思います。

北川　僕が行ったのは熊本地震の後でしたからよく覚えています。大変な状況なのに皆さん、本当にすごい笑顔だったのが強く印象に残っています。

そして舞台はさらにブラッシュアップされていた。全体的にもそうだけれど、すごくいろんな音楽を使っていた舞台だと改めて気づかされました。そしてその音楽に様々な感情を乗せていくことができる。猿之助さんと道山さんのチームワークの素晴らしさを見せていただいたように思います。

猿之助　それはね、ゆずに進化するライブを見せつけられているからですよ。負けていられないって思いますもん。でもライブの最中はそんなことは忘れちゃって、ただただ感動している。

今こんなふうにしゃべっていますけど、ライブ会場にいる時は近寄りがたい存在ですから。とても同じ人間だとは思えない。

北川　急に何を言っているんですか(笑)。

猿之助　だからゆずが、北川悠仁が進化し続けている限り、僕も進化し続けます。

北川　最高ですね。

猿之助　最高です。で、時々、パクらせていただく(笑)。宙乗りの場面のくじらはゆずのライブから取り入れさせていただきましたけれど、次はLEDです。それからタンバリンも。

北川　それにしても宙乗りの場面でのくじらは驚きました。

猿之助　絵だと思ったら、飛び出てきた。しかも手動でね(笑)。

100年後の未来に広がり続ける夢

猿之助　とにかく僕がうれしいのは北川さんが提供してくれた楽曲が舞台のテーマ曲になり、ひとつの作品として残せることなんです。

北川　そう思います。

猿之助　明治時代にできた芝居って錚々たる画家が舞台美術を手がけていたりして、子供の頃から何気なく目にしてきた作品に「えっ！この人が⁉」と思うことがいっぱいあるんです。それと同じように、きっと100年後200年後の人は『ワンピース』を観て「ゆずの北川悠仁が音楽⁉」と驚く。

北川　Jポップと呼ばれる音楽をやっている多くのミュージシャンたちは、自分たちがつくった曲が商業ベースに乗って消費されていくことに危機感を抱いています。そんななかで自分たちはそれをどう残すことができるかというのは大切な問題で、詠み人知らずじゃないけど、名前はどうでも曲だけは残せないだろうかとか、そんなことも思っていたりするんです。

だから猿之助さんとのご縁で伝統ある歌舞伎の世界にかかわることができたのは、僕の人生にとってまさに宝物のような出来事です。

猿之助　僕にはそこから先の夢があってね。ミュージカル『マンマ・ミーア！』がすべてABBAの曲でできているように、全曲ゆずで芝居をつくりたいと思っているんです。例えば『栄光の架橋』をアレンジして、それにふさわしい場面にかけるとか。

北川　すごい……。猿之助さんの頭の中、すごいですよ。なかなかそういう発想にはいきつかない。演者、パフォーマーとしてはもちろん演出もそうだし、そういうプロデュース力までも兼ね備えている……。しかもずっと代役立てて演出して、最後にいきなりポンっと入って演者になるという。よくスイッチできるなあ、と思います。

猿之助　それはお互いもう。クリエイターとプレイヤー両方の気持ち、わかっているはず。なんか広がりたいよね。

北川　夢のような話ですね。すでにある曲がまた新たに生まれ変わり、そこからひとつの舞台ができるなんて。

猿之助　ぜひ、実現させましょう！

北川悠仁 PROFILE

岩沢厚治とともに1996年3月にゆずを結成。1997年10月1st Mini Album『ゆずの素』でCDデビュー。その後、代表曲「夏色」「栄光の架橋」をはじめ、「虹」「雨のち晴レルヤ」などヒット曲を連発し、ドーム・スタジアムクラスのライブも大盛況。2017年にデビュー20周年を迎えた。

撮影／鈴木心
ヘアメイク／白石義人(市川猿之助)
／藤尾明日香(北川悠仁)
スタイリスト／三島和也

平岳大
Takehiro Hira —— Portgas.D.Ace

2002年『鹿鳴館』にて初舞台。'08年に三代目市川猿之助演出の『ジンギスカン～わが剣、熱砂を染めよ～』で初主演を務める。近年の舞台に『書く女』『フェードル』など。大河ドラマ『真田丸』、映画『関ヶ原』に出演するなど活躍中。

〝はみ出し具合〟に圧倒された舞台

「ある時、事務所から突然！『今度、歌舞伎やるからよろしく』みたいなことをさらっと言われたのがそもそもの始まりでした。はあ？みたいな感じだったのですが、新橋演舞場で『ワンピース』の初日が開き、とにかく観に行ったんです」

そこで展開されていたのは、「わくわくしてゾクゾクする、すごい世界」だった。

「子供の頃から漫画を読むという習慣がなかったこともあり原作に対する知識は皆無。先入観ゼロで行ったら、歌舞伎ファンもまったくの初心者も楽しめて『ONE PIECE』ファンらしき人も喜んでいる。二幕の終わりになるとみんな立ち上がってハイタッチして。その〝いい意味でのはみ出し具合〟に圧倒されました」

演じたのはポートガス・D・エース。海賊王ゴールド・ロジャーの息子にしてルフィの〝兄〟であり『ONE PIECE』の中でも屈指の人気キャラ、頂上戦争編においては物語の軸となる人物だ。

「大阪公演からの参加になりますから、すでにできあがっている世界に後から入るのかと思うと、やっぱり不安はありました。しかも直前まで出演していたのはまったくタイプの違うせりふ劇。それが激しい立廻りをして、歌舞伎の見得まであるのですから」

見得以前の問題として抵抗があったのは「正面を切る」芝居だったという。

「リアルな芝居の場合、正面の客席に向かってしゃべるのってちょっと恥ずかしかったりするものなんです。『何、あいつ正面切ってんの？』みたいな(笑)。

ところが堂々と正面を向いて、見得なんてあろうものなら3秒くらい止まっていなきゃならない。バーッタリ、がとても長く感じられました。せりふもなくただ止まっているだけの自分をたくさんの人が見ているという状況に戸惑いました」

そんな日々を過ごす中で体感したのが「歌舞伎のリアリティ」

だった。

「そこにいる俳優そのものが持っているもので空間を埋め、その場を成立させてしまう。綿密なせりふの掛け合いから生まれる言葉のリアリティとはまた違ったものがあるのだと実感しました」

エースを演じる上で心がけたのは、「ルフィの中のでっかい〝兄貴〟のような存在感」と「悲しい生い立ちと運命を背負った男の悲哀や孤独」

フラッグを使っての赤犬との立廻りから、原作ファンにはお馴染みの名場面へと続く第三幕は、特に目が離せない。

「フラッグの立廻りは消耗度がとんでもないんです。小柄な嘉島さんがすごくお上手なので、身体の大きい自分が負けるわけにはいかない。朝、楽屋に入ったら毎日筋トレをしていました。おかげで博多公演が終わるころには筋肉がつきすぎて、力任せに振ったところ旗を折ってしまったほどです(笑)」

赤犬がエースを追い込む場面では、後ろ向きで〝えびぞり〟になる歌舞伎の様式美が取り入れられた。

「回を重ねていくなかで、あそこは自分で意識してやり方を変えたりしていたんですが、タイミングや角度、ちょっとしたことで見え方は変わるということを勉強させていただきました」

そしてルフィとの別れ。みんなが待っている〝あの一言〟に至るまでのせりふの説得力に演劇的感動が広がっていく。

精魂を尽くし、肉体的にも酷使して演じたエースはここで舞台から消える。ところが……。

この経験は自分にとって間違いなく財産

2017年の新橋演舞場での公演ではもう一役、シャンクスも演じることに！

「せりで下がって引っ込んでくると、奈落ではいつも猿之助さんがシャンクスの準備をしているんです。ある時、猿之助さんが鏡を見ながら、ぼそっと「平さん、これやってよ」って。どう考えても無理だからそう言ったんですが……。今引っ込んだばかりの人が別の役で出てくるところに、歌舞伎の早替りの面白さがあるんだからと説得されまして。自分、歌舞伎役者じゃないんだけどなあ、と思うんですけど(笑)」

演劇にはさまざまなスタイルがある。そして誰もがそのすべてを経験できるわけではない。

「大劇場ではそこに立っている俳優一人一人の投げる玉が大きくないと通用しない。空間の広さと共にそれを感じることができた『ワンピース』の経験は、間違いなく自分の財産になりました」

そして博多座公演を経て出演したフランスの古典劇『フェードル』でそれを実感したそうだ。

正面を切る芝居で
歌舞伎のリアリティを
実感しました

（平岳大）

尾上右近

Ukon Onoe――Marco/Sadie

サディちゃん

マルコ

七代目清元延寿太夫の次男で曾祖父は六代目尾上菊五郎。2004年に本名で初舞台の後、'05年に二代目尾上右近を襲名。娘役に始まり女方、立役それぞれで活躍。踊りに定評があり、自主公演「研の會」では積極的に大役に取り組んでいる。

マルコの宙乗りは出たらいきなり崖！

「舞台化が決まった時から猿之助のおにいさんにお会いするたびに出たいと言い続けていました。おにいさんが新たなことに挑戦されるその現場に立ち会って、一緒に大変な思いをしたいと思ったんです」

スケジュールなどの事情により東京初演でその願いは叶わなかったが、大阪公演から参加することに。

「もちろんうれしかったですけど、稽古が始まった時はビビりました。皆さんの結束力がハンパなかったんです。そのなかに自分が入って、前より面白かったと言われなかったら参加した意味がないですから」

まず決まった役は白ひげ海賊団一番隊隊長のマルコだ。

「原作を読むと出番は決して多くないのにめちゃめちゃ印象に残る。歌舞伎でよく言う〝いい役〟に相当するキャラクターです。人気キャラだけに、ファンの皆さんのイメージを損なわないようにしなければと緊張しました」

3階席後方から宙乗りでの登場となった。

「ルフィが引っ込んだところから逆ルートで本舞台へ飛んでいくのですから責任重大です。宙乗り自体初めてだったんですが、徐々に上がるのと違って一番高いところからの始まり、出たらいきなり崖！という感じで、稽古で初めて飛んだ時はこの場面なくならないかな……と思ったほど怖かったです」

が、次第に慣れ「もっと高い位置で飛びたい」と猿之助に願い出るほどに。

「そうしたら、あまり高いと天井にぶら下がっているように見えるからほどほどがいいんだ、と。ベストの位置は劇場によっても違うとおっしゃるのを聞き、

キャパオーバーして キャパ広がる、みたいな体験でした
（尾上右近）

やっぱり宙乗りエキスパートは違うなと思いました」

そしてもう一役は、新たなキャラとして登場することになった、インペルダウンの獄卒長サディちゃんだ。

「原作のままの衣裳というわけにはいかず、キャラのイメージを離れない範囲で僕の体型を考慮してつくっていただきました。両目を隠すと見えないので片目だけ髪がかかるようにして、水に濡れてもペタっとならないようスプレーでガンガンに固めていました」

本水の立廻りもまた初めての経験だった。

「水を蹴るように言われたので、後ろ脚で蹴るくらいのSっぷりを発揮したいと思いながらやっていました。BGMの音量がすごい場面ですが、それがよく聞こえないくらい水の音もすごい。そして動きが激しくなってくると水煙で前が見えないんです。立廻りって気配で相手と合わせるんですが、そんなの通用するような状況じゃない。だから実際に「はっ！」と声に出しながらやっていました」

サディちゃんがぶち壊してくれたもの

この2役を演じ分け、それが日々続いていくことの大変さは、声にあった。

「高低差が激しいのが声帯によくないという話は聞いていたんですが、まさにそれを実感しました。サディちゃんで高い声を使った後にマルコで大きな声を出していたら、『はははは』というサディちゃんの高笑いがカスカスになってしまって。いろいろと模索し工夫して何とか乗り越えました」

サディちゃんが使う鞭やゆっくりぐるりと回転しながらのマルコの宙乗りも一朝一夕というわけにはいかず、舞台の上で役として見せるためにはそれなりの努力が必要だった。

「ハイヒールにしても履いているだけで太ももの裏が筋肉痛になるとは知りませんでした」

そうしたひとりひとりの個々の気づきが大きな集合体となり、芝居全体が日に日に変わっていく現場を目の当たりにした。

「劇場のサイズや設備が違う大阪松竹座と博多座で変えなければいけないこともありますし、ピースがひとつ変わることで変わっていく部分もありました」

だからそのすべてを体感したいと貪欲に舞台に取り組んだ『ワンピース』での体験は、「キャパオーバーしてキャパ広がる、みたいな感じ」だったという。

「サディちゃんは気取っちゃう自分との闘いみたいなところがありました。歌舞伎役者としてこれまでやってきたスタンスや役柄というものを、いい意味でぶち壊してくれたように思います。裸になるというか、捨てる勇気をもらった気がします」

そして2017年の公演では特別マチネでルフィに挑むことに！

市川猿弥

Enya Ichikawa

Jinbe/Marshall.D.Teach

1975年に初舞台の後、'78年三代目市川猿之助（現猿翁）の部屋子となり二代目市川猿弥を名のる。立役として活躍し、憎々しい敵役からおかしみのある役まで広い芸域で安定した演技を披露。踊りの腕にも定評がある。

3メートル超えキャラのプレッシャーの先で

演じたのはジンベエと黒ひげ。数あるキャラクターのなかでもキャラ再現度のクオリティの高さで注目を集めた2役だ。

「『ワンピース』に出ると決まった途端に（中村）勘九郎さんや七之助さんご兄弟に『絶対、ジンベエだよ』と言われたことがあるんです。当時は原作に関する知識はほとんどありませんでしたので、それが誰なのかもわからず何を言っているんだろう?くらいに思っていたんですが……」

蓋を開けてみたらまさしくその通り！　キャラクターとそれを演じる俳優そのものと、それぞれの個性をよく知る者なら誰もが納得するキャスティングだ。

「もうびっくりすると同時に、漫画好きな人の間ではすごく浸透しているキャラクターなのだということを知りました」

そしてもう一役の黒ひげと共に漫画やアニメのDVDで〝勉強〟することに。

幸いにもそうした資料は稽古場に用意され、ちょっとした合間に調べることができたという。

「不思議な稽古場でしたよ。『ONE PIECE』とは無縁に生きてきた人が、急に漫画読んだりアニメ見たりしているんですから。でもそのおかげでだんだんイメージが湧いてきました。出演者やスタッフのなかにはすごく詳しい人もいて、聞けば2人とも身長が3メートル以上あるというじゃないですか。165センチしかない自分にファンは納得するのだろうかと思いました。最初のうちはそれが気になってしまって」

そうしたことを考え始めたらキリがない。

「だから割り切ることにしました。でもジンベエの場合は着物で髷を結った和風キャラなので、助かりました。言っていることや、やっていることも任侠的な感じなので、普段の芝居とそうかけ離れているわけではない。そういう意味では芝居がしやすかったですね」

問題は黒ひげだ。

「結果として受け入れてもらえたから『似てる！』なんて喜んでいただけてますけど、あの衣裳を見た時はこれでいいのか？と思いました。だってほとんど着ぐるみじゃないですか」

着用しているのは動物などに用いる着ぐるみではなく、人物を造形的に大きく見せるための〝着肉〟。古典歌舞伎の演目でもしばしば活用されているアイテムだ。着こなしという表現が正しいかどうか定かではないが、違和感なく身体にフィットしていたのは事実だ。

「確かにこうしたものを着慣れているところはあると思います。だから感覚的に違和感があるとか動きにくいとかいうことはありませんでした」

歌舞伎俳優ならではの声量で『ゼハハハハ』という特徴ある笑い方が迫力を伴って劇場内に響き渡った。

「最初の台本は『ハハハハ』だったんです。でもここはやっぱり踏襲した方がいいだろうと思ってアニメを参考にしました」

総じていえば、演じやすく楽しんでやれました

ファン心理への配慮から最初こそ抵抗があったものの、どちらも総じていえば「演じやすい役」だったという。

「善人だろうと悪人だろうと、また場面ごとに歌舞伎の何かの役に置き換えられるという感じがありました。だから第一関門を突破してからは楽しんでやれました」

1日のうちにまったく違う作品で、まるで異なる役を複数演じることも日常茶飯事の歌舞伎俳優にあって、名バイプレイヤーとの評価を得て久しいキャリアの持ち主。経験を重ねるうちに掌中にある役柄はいつしかかなりの数になっていた、ということだろう。近年は古典でもスーパー歌舞伎でも重要な役を演じる機会が増えている。

「現代劇の作家さんが書いた芝居や企画性のある作品など、ありがたいことにスーパー歌舞伎以外にもいろいろな経験をさせていただいています。けれど、コンサートみたいにみんなでわっと盛り上がるというのは『ワンピース』が初めてでした。ゆずの北川さんが書かれた曲が舞台でかかるなんて思いもしませんでした。そこに四代目らしい新しさを感じます」

歌舞伎も市川猿弥という俳優もまったく未知の存在だった小さな子供にまで、原作やアニメとはまた違った『ワンピース』のジンベエや黒ひげとして鮮明にインプットされたはずだ。

「だとしたら、うれしいですね。芝居が面白くて、そこであの役よかったねと思っていただけるのが自分にとって何よりの喜び。これをきっかけに歌舞伎の面白さをもっともっと知っていただけたらと思います」

任侠の善も大きな悪も
歌舞伎の多種多様な役柄に
置き換えられました
（市川猿弥）

1937年、坂東小鶴を名のり初舞台。'50年三世市川段四郎に入門し、市川段三郎と改名。'55年二世市川猿之助（初世猿翁）に入門し市川喜太郎と改名。'57年四代目市川喜猿を襲名。'75年二代目市川寿猿を襲名。澤瀉屋を支える最長老。

市川寿猿

Juen Ichikawa —— Avalo Pizarro

どこか牢名主のような雰囲気が出れば

2015年の新橋演舞場での初演時で85歳という出演者最年長のベテランが演じたのは、アバロ・ピサロ。キャラクターはもちろん、原作もアニメもそれまでまったく無縁のものだった。

「スーパー歌舞伎で『ONE PIECE』をやることが決まったら、いろんな人が『ぜひ、観に行きたい』と連絡をくれましてね。僕が演じる役の絵やグッズを送ってくれました」

兄エースを探してルフィがインペルダウンにやって来たところが登場シーンとなる。

「若旦那（＝猿之助のルフィ）が来るまでは寝ているんですが、最初は普通に仰向けにしていたんです。でも待てよ、と思って、身体をなるべく見せないように工夫して後ろ向きで腕枕をするようにしました。いぎたないって言葉がありますでしょ？ そういう感じで、きっちりせずにだらしなくするようにしました」

そして生演奏の太鼓の音と共に登場となる。

「起き上がって前を向いて背伸びをするんですが、上にあげた手をただ下ろすだけじゃつまらない。それで腰に持っていったら若旦那がそこで見得をしようとおっしゃいまして。『毛剃《けぞり》』というお芝居に〝汐見の見得〟というのがあるんですが、そんな感じでやることになりました」

その後のダズ・ボーネスとのやりとりなどに歌舞伎らしさを垣間見せる。

「見得までさせていただいて本当にありがたいことです。出番は短いですけれど、若い連中を助けてやるところなど含めて、とてもいい役をいただいたと思っています。ボス的存在で牢名主のような雰囲気が出ればと思いながらやっています。好きな役のひとつになりました」

舞台の『ワンピース』において、アバロ・ピサロは、率先して脱獄をリードする役どころとして描かれているのである。

新しいものをやるのは澤瀉屋代々の伝統

スーパー歌舞伎を創始した三代目、その祖父であり大正時代に欧米に渡り当時の最新の演劇を学びそれを歌舞伎に取り入れた二代目、代々の猿之助に仕えてきた存在である。

「僕が若い頃に、おっしょさんの（初代）猿翁旦那が『大仏炎上』という芝居をやったことがあるんですよ。話の内容とかはぜんぜん違うんですが、『ワンピース』で若旦那がいろいろと新しい工夫をされているのを見て、それを思い出しました」

『大仏炎上』とは1955年7月に歌舞伎座で上演された新作歌舞伎で、初代猿翁がパリで観たオペラに感化されて創作されたものだ。そのオペラ『サムソンとデリラ』を初代猿翁が観劇したのはその35年前のことで、当時の印象を歌舞伎座のプログ

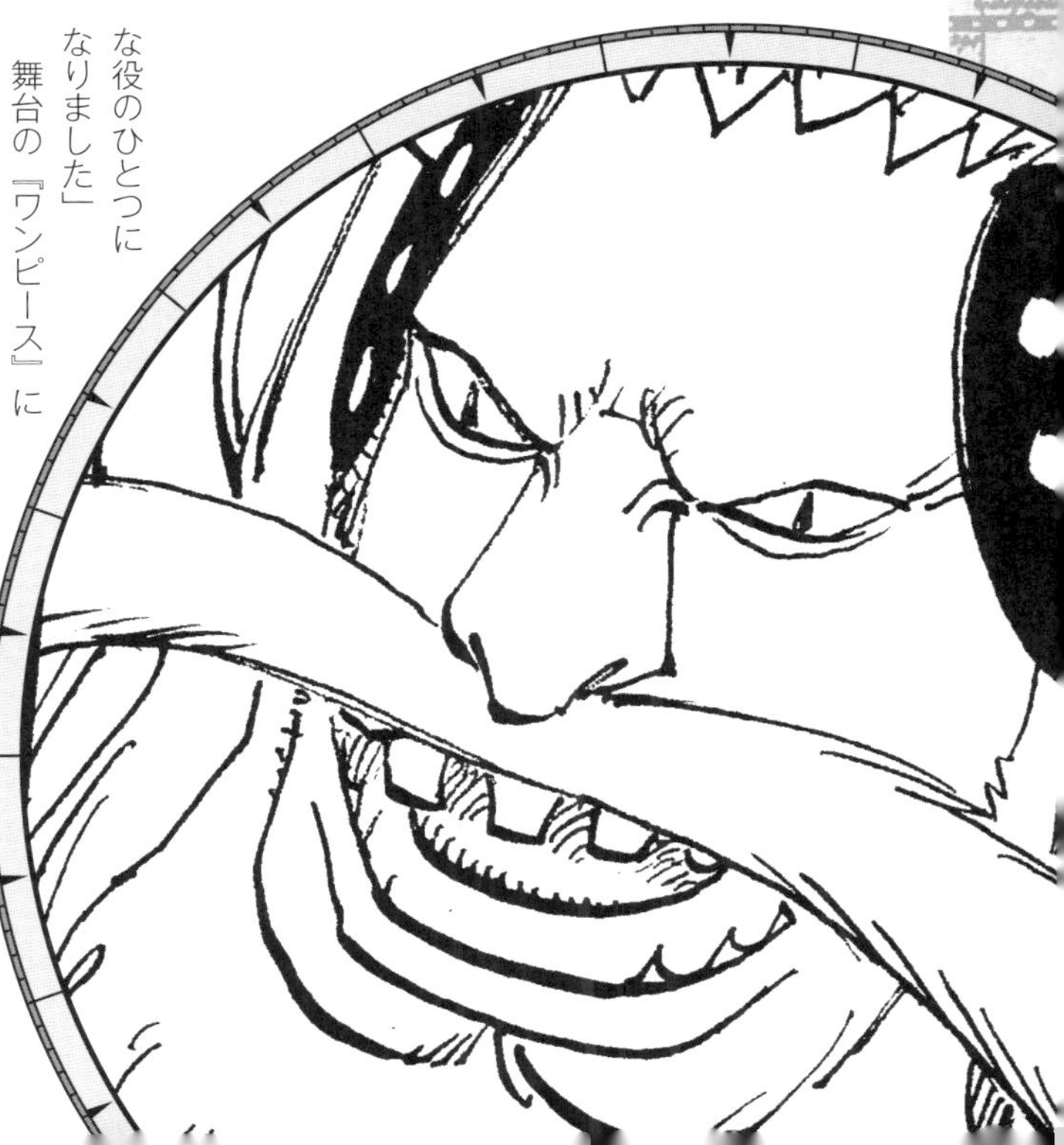

ラムに次のように記している。

“敵役。立役。妖婦。見染め。濡れ場。最後の荒事。日本の芝居を見ているような、大時代の筋に親しみを覚えました。石牢と大詰の屋台崩しは、一層印象的で、殊に大殿堂の崩れる二分ほどの見事さは、思い出してもゾクゾクするような想い出でした”

　そして、屋台崩しという歌舞伎の演出に例えて記されたスペクタクルなシーンの“あまりの見事さ”の秘密を知るべく、後日、劇場を訪れてその仕掛けを見せてもらったことが追記されている。

「そうやって洋風なものでも何でも、いろんなものを取り入れて新しいものをやっていくのが澤瀉屋。僕のおっしょさんの曾孫さんである若旦那にはそういう血が流れているんです」

『ワンピース』の上演が決まり「ぜひ、観に行きたい」と言っていた知人はこぞって観劇。大好評だったという。

「僕の周りだけでなく大勢のお客様がものすごく楽しそうにこの芝居をご観劇くださっています。若旦那が横内さんと一緒にいろいろ考えてつくった『ワンピース』が、こんなにも大評判になり本当にうれしいです」

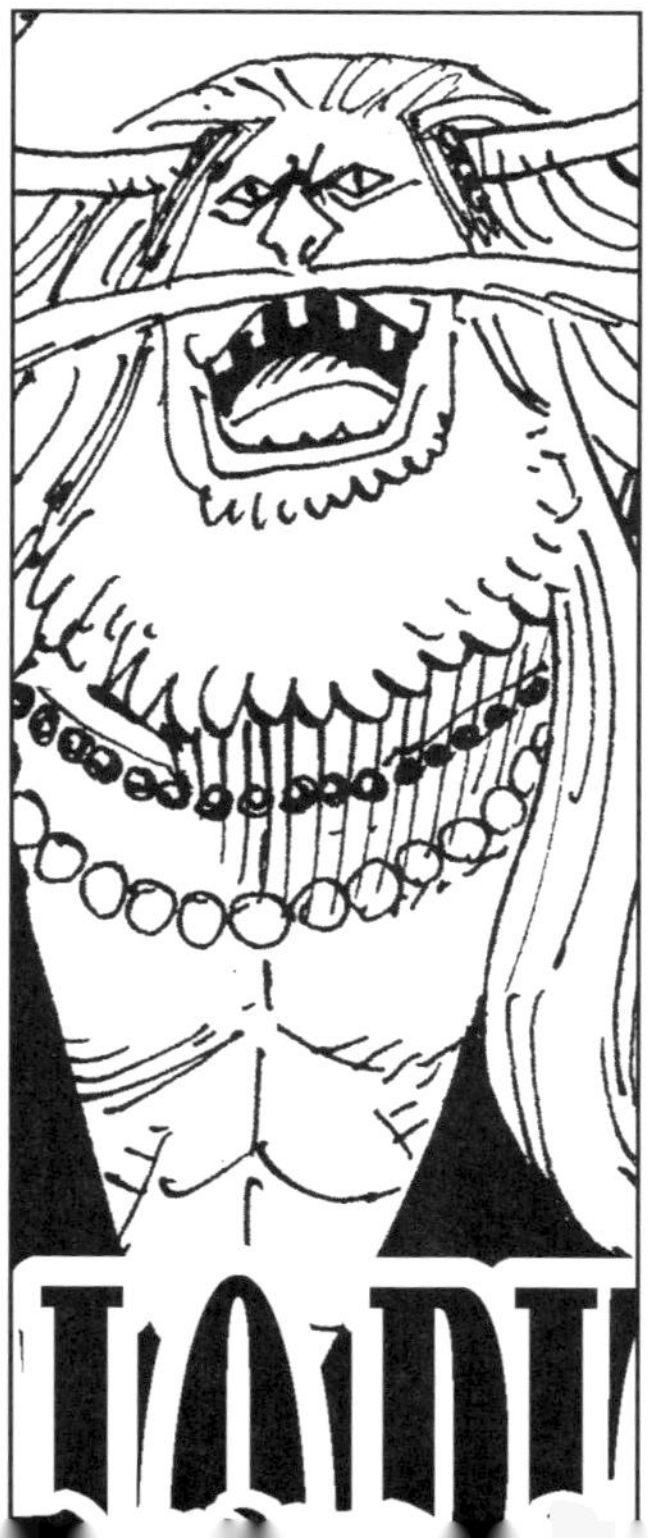

出番は短いですけれど とてもいい役をいただいたと 思っています（市川寿猿）

市川男女蔵

Omezo Ichikawa

Magellan

マゼラン

市川左團次の長男。1973年本名で初お目見得の後、'74年六代目市川男寅を襲名。立役として幅広く活躍している。恵まれた体躯を活かした敵役や人柄を感じさせる飄逸な役に定評がある。近年は父左團次の当たり役を演じる機会が多い。

キャラの背景を考え あくまでも歌舞伎として

実寸の問題はともかくとして、登場したキャラクターのなかでもかなり原作のイメージに近いと評判のマゼラン。〝ドクドクの実〟の能力者であり、ルフィを窮地に追いやるインペルダウンの監獄署長である。

「海賊が主人公ですから敵になってしまいますけれど、ごく普通に考えれば真っ当なのはこっちの方。単純な善悪で線引きできないところに、この物語の面白さがあると思います。どちらが正しいかが重要なのではなくて、大切なのはこの物語で描かれている人と人の絆や無償の愛、そして仲間を思う心。日常の忙しさに紛れて、ともすれば忘れがちなことがたくさん詰まっているからこそ、この作品はこんなにも人気なのだと思います」

物語の構図としては敵役という立ち位置だが、マゼランは「任務を全う」しているに過ぎない。

「敵役にもいろいろあって、救いようのない悪人もいれば根は善人で何かのきっかけで悪に手を染めてしまう人もいる。そこにいろんなドラマがあるのですから、そこはいつも考えるようにしています。結果として、ルフィや大勢の囚人を逃がすことになってしまうマゼランに、打算のようなものは感じられません。原作の物語ではこの暴動が原因で降格となりハンニャバルに後を託すんです

ここまで楽しくて感動できるお芝居はなかなかないと思います
（市川男女蔵）

が、その時にハンニャバルにやさしい言葉をかけているんです。また小さい時にお花に水をあげていたというエピソードもある。ですから、そういう人物だということを根底に持って演じるようにしています」

　お花に水をあげていたエピソードとはコミックスにおける読者との交流コーナー「SBS」に記されたもの。それは、幼少期にマゼランは花を育てようとしたものの、自分の身体から出る毒で花が枯れてしまい泣いていたという話のことだ。本編以外のそんなことまで知っているとは！

「だからといって原作に詳しいというわけではないんです。人気の作品ですから何となく知っていたという程度。今回の出演をきっかけにきっちり読み直すという選択もありましたが、それはしませんでした。その段階で自分が知っていた『ONE PIECE』から先には進めないようにして、台本の『ワンピース』ありきで考えようと。お稽古に入る前に情報を詰め込んでイメージを膨らませ過ぎてしまうと、それ以上のものが出てこなくなってしまいますので。自分ベースでつくり込んでしまうより、稽古場で相手の気持ちを受け取ってそこで動かされた情や心を大切にしたいんです」

　それがいつもの男女蔵スタイル。目的は、原作の『ONE PIECE』のキャラの再現ではなく「猿之助さんがルフィを演じる『ワンピース』のマゼランになる」ことなのだ。

同じ空間で芝居をする楽しさ、心地よさ

　その結果、冒頭に記したような評判を獲得しつつ、舞台の登場人物としてインパクトある存在感を発揮して第二幕を盛り上げた。

「それはもともとマゼランがインペルダウンでの物語のキーマンであることが大きいですし、何より猿之助さんが僕にはまる役になるようにつくってくれたおかげです」

　猿之助とは若手歌舞伎俳優の登竜門といわれる「新春浅草歌舞伎」でかつて切磋琢磨しあった間柄である。

「浅草の公演は、どうしたらお客様に楽しんでいただけるか同世代のみんなで考えて話し合い、いいものをお見せしようという気概に満ちていました」

　そしてその経験をさらにパワーアップさせ、猿之助が伯父である市川猿翁から受け継いだスーパー歌舞伎を進化させて結実したのが『ワンピース』だ。

「今に始まったことじゃありませんが、猿之助さんと一緒の舞台に出ているとすごく心地いいんです。無理につくろうとしなくてもスッと役に入れる。そして同じ空間で芝居していることがすごく楽しい。だからみんなが猿之助さんのつくった芝居を盛り上げようという気持ちに自然になっていく。それは僕たち役者だけじゃなくてスタッフも含めて関わっている人すべてにいえることで、そういうところは何だかルフィと似ていますよね」

『ワンピース』で何より嬉しかったことは、たくさんの「楽しそうなお客様の笑顔」に出会えたこと。

「今、いろいろなお芝居がありますが、ここまでお客様が喜んで楽しんでそして感動していただけるものというのは、なかなかないと思います。その笑顔に日々パワーをいただいています」

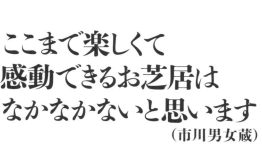

浅野和之

Kazuyuki Asano ―― Sengoku/Emporio.Ivankov

元帥センゴク

エンポリオ・イワンコフ

舞台、映画、テレビドラマと幅広いフィールドで活動する。読売演劇大賞最優秀男優賞を２回獲得。確かな演技力と存在感で充実の活躍をみせる。近年の舞台に『草枕』『コペンハーゲン』『エノケソ一代記』『子供の事情』など。

まったく違う２役で〝なりたい自分になる〟

海賊と海軍が激突するマリンフォードでの頂上戦争で、海軍の総指揮を執る元帥センゴクを演じたのがこの人だ。

「原作については詳しい友人からレクチャーを受けて教えてもらいました。でかでかとマントにも記されているように、自分の信じる正義を貫くために海賊と闘っている。だけど海賊が主人公ですから敵キャラになってしまう。そこにシンプルな勧善懲悪ではない、原作世界の奥深さを感じます」

カモメの帽子に〝正義〟のマント、原作キャラのオリジナリティーを取り入れつつもゴージャス感漂う歌舞伎テイストの衣裳を着こなし、舞台上の登場人物として存在感を放つ。

「冷徹な策士でありながら〝仏のセンゴク〟と呼ばれる一面を持っていることを心に留めて舞台に向かうようにしていました。新橋演舞場での初演では一幕にも出ていて、それから二幕でイワンコフになり、また三幕でセンゴク。さらにもう一役、最後にレイリーも演じていましたので、楽屋ではずっとしたくに追われていました」

大阪松竹座での公演を前にして台本の見直しが行われ、レイリーは登場しないことに。

「レイリーの鬘やメイクをけっこう気に入っていたので、実はちょっと残念だったりもしています(笑)。身体は楽になりましたけど。センゴクも三幕だけになって映像での出演となった場面もあります。作品としてのクオリティがもちろん大前提のことではあるけれど、猿之助さんが僕の健康を気遣ってくれているところも多分にあるのだと思います」

結果、観客の前に初めて姿を現すのはイワンコフとなった。

「最初の一声が『我がしもべ』ですからね。キャラクターのエネルギーみたいなものが現れる部分ですから、あそこは大切なつかみどころです」

革命軍の幹部にして、海底監獄インペルダウンに秘密の花園「ニューカマーランド」を築いた伝説の人物。海軍とは敵対する

立場にある。

「そういうまったく違う2役を演じられるというのは面白いですよね。同じ人間がやっていることに気づかなかった方がいらしたと聞いて、やった！と思いました(笑)」

まさに役者冥利に尽きるというもの。

『みんながなりたい自分になればいいのよ』というせりふは、トランスジェンダーのイワンコフが言うからこそ説得力があります。そして権力に抗う勇気と人を思いやる心は『ONE PIECE』という物語が持っている核でもある。本当にいい役をいただいたと思います。あんな格好はしていますけれども(笑)」

互いに刺激し合う本物のプロの稽古場

稽古場でのアドリブから発展してお馴染みとなった場面がある。歌舞伎『伽羅先代萩』の政岡を模したところだ。

「ちゃんと台本に『でかしゃった』って書いてあるんです。そう書いてあるなら……ということでやっただけで。そうしたらみんなが面白がってくれて、猿之助さんがちゃんとした伴奏をつけようと言い出したんです。でも間の取り方が難しくて、なかなかうまくいかないわけですよ。すると後ろでクスクス笑っているのが聞こえるんです。で、悔しいから頑張ろうと(笑)」

耳慣れなかった邦楽のリズムも次第に身体に馴染み、パントマイムの名手としても知られる持ち前のスキルが歌舞伎の様式と融合する場となった。

猿之助という存在に衝撃を受けたのは三谷幸喜作・演出の『決闘！高田馬場』だったという。

「侍をやればどっしりとして重鎮みたいなのに、町娘になればおきゃんで可愛い。すごい人がいたもんだと思いました。そうしたら『狭き門より入れ』という現代劇で共演することになり、その時に『歌舞伎、出てよ』と言われたんですが、まさか本当になるとは……」

スーパー歌舞伎Ⅱ第1作『空ヲ刻ム者』を経て、今回の出演となったのである。

「猿之助さんとの出会いによって思いもかけないことが起こりました。稽古場や舞台で実感するのは歌舞伎の皆さんが身につけているものの確かさで、彼らは俳優としてプロ中のプロ。勉強になることばかりです」

さまざまな役を自在に行き来する実力派俳優の真摯な姿勢は、歌舞伎俳優にとっても刺激だったはずである。

キャラが持つエネルギーを大切に演じています
（浅野和之）

照明 原田保
Tamotsu Harada

ムービングライトはかなりの物量になりました

スーパー歌舞伎は前回の『空ヲ刻ム者』もやらせていただいたのですが、シーン数は多いのに照明を仕込める量は限られる、という制約との戦いでした。それは今回も同じで、セットの吊り物などが多いのでバトン※1の数が圧倒的に足りない。そこでムービングライトを多用することにしたのですが、これがかなりの物量になりました。

台本を読むと、歌舞伎的なところとスーパー歌舞伎的なところ、それから原作寄りの部分がシーンごとにはっきりしています。ですからそれを念頭に入れてプランを組み立てていきました。

猿之助さんは予め何か要望を出すようなことはありません。ただイメージを伝えられることはあります。今回で言えば「宙乗りの時は客席を違う感じで染めてほしい」というように。

照明の立場からリクエストしたのは滝の装置ではデコボコをつくってほしいということでした。ただ流れているだけの水というのは難しいのですが、角に当たって飛沫や泡が出ているところに照明を当てると効果的なんです。

早替りの場面はバランスが大切で、フェイクに当てている明かりを極端に落としたらバレてしまう。だから同じようにしなければいけないのですが、角度によっては調整が必要になるので、そこはケースバイケースです。

映像とのコラボは、映像がきちんと見えていて人物を立たせるのが大事。当て方のコツがあるんですが、ポイントは床を染めること。そうしないと正面から見た時に人物が薄っぺらになって映像のなかに溶け込んでしまうんです。今回面白かったのは白ひげ登場のシーンでした。だんだん入手困難になって来たミラースキャンという照明機材で僕が床を細かくシェイクして、映像の上田くんが劇場の引きの写真をかぶせて一緒に揺らしたんです。いつもの自分のスタイルに一番近かったのがこの場面のある三幕でした。

照明家にもいろんなタイプがあって「演技の邪魔をしてはいけない」という考え方もありますが、自分は全然違うところにいる人間です(笑)。でも、歌舞伎くらい力が強いと、こっちがどんなことをしても、それが助けになることはあっても邪魔になるようなことは決してないですね。

映像 上田大樹
Taiki Ueda

スーパー歌舞伎Ⅱの懐の深さを実感しました

凍ったルフィがエースによって解凍されるところを映像にするなんて、リアルなせりふ劇だったらあり得ないですよね。だけど歌舞伎だったら成立してしまう。そもそも『ONE PIECE』を舞台化すること自体、危険な感じがするのに……。歌舞伎という演劇の持つキャパに驚かされました。

セットなどの形状に合わせて映すものを総じてプロジェクションマッピングと呼んでいます。スクリーンが出てくると「映像だな」とすぐわかってしまいますが、すでにそこにあるものや壁を使うと、映った時の驚きがあります。またそばにいる役者さんとの馴染みがいいのも特徴です。

映す際にはバミリやタイミングをあまりガチガチに決めてしまうと段取りっぽくなってしまうので、ちょっとアバウトにするようにしています。演劇で使用される映像の場合、インパクトが強くなり過ぎないように、バランスを考えて控えめにするのが普通なのですが、『ワンピース』はどんなにやってもやり過ぎにならない現場でした。

劇場の壁とか天井にまで映像を映した二幕の宙乗りのシーンは、「ここまでやっていいんだ！」という思いでやっていました。一、二、三幕でこんなにトーンが違う芝居も珍しく、普通に考えたらなしなんだけど、それがありになっていて違和感がないのがすごいところです。

また映像をあまり広げてしまうと、どこを見ていいかわからなくなりがちなんですが、歌舞伎役者さんは存在感がすごいので、見るべき中心がビシッとしてお客さんの視線がブレない。

この現場にはプロフェッショナルな方たちが集まっていましたので、そこに関わることができたという面白さがありました。驚いたのは綿密な設計図があるわけでもなく、各スタッフが個々である程度独立して動いてすり合わせをしていたことです。

要素がすごく多くていろいろなものが組み合わさってできている作品なので、舞台稽古になってようやく見えてきた部分がたくさんあり、すごく勉強になりました。スーパー歌舞伎の懐の深さを実感し、それに比べたら普段の現場は甘っちょろいんだな、とも思わされました。

※1【バトン】大道具の幕やパネル、照明などを舞台に吊るすためのパイプのこと。

音楽

藤原道山

Dozan Fujiwara

和楽器は最小限にして とにかく派手に！でした

舞台の音楽は年に一度くらいのペースでさせていただいていますが、ここまで大きな舞台を全部任されるというのは初めてのことでした。自分はどちらかというと音を使い過ぎないのが好みで、楽器編成も小さく、せりふを立たせることを心がけて来たのですが、今回は全然違うアプローチになりました。歌舞伎はもともと音楽と密接な関わりのある演劇ということもありますし。

猿之助さんは「何しろ派手に！」というリクエストが多かったですね。「さっきのは小エンディングで、次が中エンディング。そして大エンディングとなってさらにダメ押し！」というような言葉で説明されていました。

また、『ターミネーター』っぽくとか『シルク・ドゥ・ソレイユ』の「あそこの場面」とか、具体的な作品名を出されることもあります。その一方で、歌舞伎用語や邦楽的な言い回しでお話されることもあり、いろいろな音楽を勉強していてよかったと思いました。

「和楽器はなるべく使わないで」と、言われたのは衝撃でしたけれども（笑）。尺八演奏家として本領発揮できるところを封じられてしまったのですから。ですが、そのおかげで使いどころを考えることとなり、楽器の音色を引き立たせることができたのも確かです。

ニューカマーランドは「ここまでやっていいんだ！」とまず驚き、求められている派手さの度合いを再認識しました。二幕ラストの盛り上がりはすさまじかった……。今、エンタテインメントとして舞台でできることのすべてがそこにあるという印象で、まさに現代の歌舞伎だと思いました。

ヴァイオリンのほかシタールやバンスリーという笛などインドの楽器も使っていて、和楽器は琴、尺八、笛、太鼓などです。猿之助さんの要望で三味線は使っていません。そこに新しさがあったと感じています。三味線は個性的な楽器で時代が出てしまうので、猿之助さんの意図するところはわかります。

よりよい音をギリギリまで追求し続ける猿之助さんの姿勢は初日が開いても止まることはなく、コンピュータの打ち込みで作成した曲の編集や編曲は果てしなく続きました。そしてそれは上演を繰り返すたびに、これからもまだまだ続くのではないでしょうか。

音響

小寺仁

Jin Kodera

どうイメージを近づけるかが 技術屋としての仕事です

猿之助さんの舞台は『男の花道』や『雪之丞変化』などで何度かご一緒させていただいています。また猿翁さんの時代にはスーパー歌舞伎のオペレーターをさせていただいたことも。

ですから猿之助さんという演出家もスーパー歌舞伎の現場も初めてではなかったのですが、『ONE PIECE』を舞台化するというのは大変だろうな、と思いました。娘のおかげで原作がどれほどのものなのかは知っていましたので。ルフィの手が伸びるのはどうすんだ？とか、やはり思いましたし。

でもそこをどうにかしてしまうのが猿之助さんで、その頭の中は自分たちにはとても想像がつきません。無理して理解しようとしても無理。ですから「こんな感じ」と説明されたものが、何色なのか、その色は濃いのか薄いのか、ひとつひとつ確かめながら、芸術家のイメージに近づけていくのが自分たち技術屋の仕事です。

猿之助さんはコンピュータで音楽の編集もなさるくらいですが、音に対してのこだわりがあります。稽古中はもちろんですが、初日が開いてからも修正が続くことはよくあります。目が合ってニヤッとされた時などは、何かひらめかれたんだな、と思います。そして「こういうことできる？」と近づいてくる。できないと思われていたらそもそも言っていただけませんから、何としてもそれを実現させようとする。それは自分にとっての刺激にもなります。

マイクは水に弱いので滝の場面は水がかからないところを探して仕込んでいるのですが、あれだけ激しい立廻りをしていますから、けっこうダメになりました。水の音もまた迫力。あそこは生でやっている臨場感をお伝えしなければと思いながらやっていました。あの大音量の音楽の中でマイクなしでやれる歌舞伎の方の声量は本当にすごいと思います。その生でやっている感じを生かすのは大切なことで、そこが今はやりの2.5次元とは大きく違うところだと思います。

若い時に「お客様がワクワクする仕事をしなさい」とよく言われたのですが、『ワンピース』はまさにそういう舞台。うちの若い子たちもこれから猿之助さんの舞台でいろんなことを学んで、次に繋がっていけばと願っています。

立師　市川猿四郎
Enshirou Ichikawa

やれることは全部やり新たなものになりました

立廻りの手順を考えるのが立師の仕事で、つくったものをプレゼンするというのが四代目のいつものスタイルです。横内さんとの本の打ち合わせの時にまず全体の流れを決めます。最初は戸板を使ってショー的にして、二幕の水はダイナミックに三幕の火はドラマチックに見せる、というように。旗を使っての火の立廻りは、スーパー歌舞伎で昔からやっていることですが、2人で振るのは今回が初めてです。

ベースとなるのは旦那(市川猿翁)が積み重ねていらしたことにあります。そこに今だったらどんな新しいことができるかを考えていきます。今回はアクションの方に入っていただきましたので、まず僕が歌舞伎でつくり、アクションの技法でそれを表現したら何ができるか考える、という感じでした。

アクション監督の渡辺さんは非常に優秀な方で、彼らが所属するB.O.Sのメンバーの身体能力の高さには驚かされました。歌舞伎とはまた違った動きが入ったことでこれまでにないものができたと思います。本当に頼りになる素晴らしいチームなんです。

四代目は芯[※2]となる役者を一人ではなく複数にしてみんなで立廻りをするケースが多いですね。本水はボン・クレーとイナズマ、さらにそこにサディちゃんが加わり、三幕もエースとルフィが一緒に敵と闘っています。

ルフィは武器を持たず素手で闘って人を殺さない設定だと聞いた時は困ったと思いました。主役が刀を持たないなんて……。キャラクターの並びとかもあるし、設定としてこの動きや行動はあり得るのか、とか。その辺りは原作に詳しい巳之助さんや隼人さんに聞きながらやっていました。

手順が決まって演者にそれを渡したら、後はみんながどうすればやりやすいかを考えていきます。一番大事なのは全員が最後まで怪我なくやり通すこと。安全で効果的であることがベストです。そのためにはできないことを知るのも大切。だったら代わりに何ができるかを考えればいいのですから。

その中で四代目のイメージにどれだけ近づけていくことができるか、です。量が多いのはいつものことですが、『ワンピース』に関しては、やれることは全部やったという気がしています。

技《アクション》　渡辺智隆
Tomotaka Watanabe

歌舞伎の間合いに慣れるそこからの始まりでした

スーパー歌舞伎を拝見していただけの時は気づかなかったのですが、いざ立廻りをやってみると違和感がありました。芯の方が見得をしている間、動きの流れがそこで止まるので、絡みの者は待たなければなりません。それが何とも不自然で居心地がよくないんです。見得も「パラ」でさっといくのか、「バ〜ッタリ！」でたっぷりやるのか、とっさにはわからない。

そこに慣れることからの始まりだったのですが、そのうち自分たちが参加させていただくことの意味を考えるようになりました。歌舞伎の立廻りにただ染まっていくのでは融合にならない。それで止まるところは止まっても、自分たちは自分たちのスピードでやるように変えていったところ、この舞台独特の間合いが生まれていきました。立師の猿四郎さんと相談してやり方を決め、その日に解決できないものは宿題にし、翌日に考えて来たことを合わせるという毎日でした。

本水の装置は人が乗ることを想定していなかったようで、奥行きもなく下の水槽も小さかったのですが、うちのメンバーならやれると思いました。危険がないようマットを敷いていただくなど安全面を配慮してくださいましたので、怪我人を出すこともなく最後までやれたのは何よりでした。

大切なのは芯の役者を立てることと、そしてどんなにアクロバット的な動きであっても、それは芝居の中のアクションであること。そこは絶対に忘れてはいけません。

猿之助さんは常に全体のことを考えていらっしゃるので演者としての部分は後回し。稽古の間は代役なのでご本人と実際に手を合わせたのは本番直前だけでした。どういう感じでくるのかわかりませんから、絡みのメンバーは集中するしかない。でもそれが緊迫感に繋がったようにも思います。

猿之助さんの発想力は本当にすごいものがあって、それをまたさらに発展させる力が並外れていらっしゃる。そしてまたこの舞台に集まった方々がプロ中のプロばかりなんです。この現場に関わってスキルアップしない人なんていないのではないでしょうか。本当にいい経験をさせていただき、感謝しています。

※2【芯】その場の演技で芝居や立廻りの中心となる俳優のこと。

舞台監督

本水から宙乗りへの転換はかつてないことでした

井口祐弘

現実にはあり得ないことを舞台の上で表現し、演出家の求める理想に近づけるのが仕事ですが、たまに思いもよらない要求を出されることがあります。そんな時は無理だと思っても「一晩考えさせてください」と言って持ち帰ることにしています。

今回でいえば滝の場面からの転換でした。本水がダイナミックに流れる場面はこれまで何度もやってきたことです。ですがそこで幕となり、次の場面の準備は休憩時間にすればいいことでした。ところが今回はその後に宙乗りをしたいというご要望。そこで滝の装置をすべて撤収している時間はありませんから、裏側の舞台を宙乗りに向かう場面で使うことにして、廻り舞台で転換しなければなりません。

装置に加えて水の重さがありますから、片側はものすごい重量です。そんなバランスの悪い状態で果たして盆を廻すことができるのか……。それは実際に劇場でテストしてみるまでわかりません。だめなら別の方法を考えなければいけない。宙乗りではせりを3台使っているんですが、もし廻らないとなると二幕の頭からせりのやりくりを考え直さなきゃいけない。舞台のせりというのは、表と裏でまったく同じ位置にあるわけではないんです。

幸いにも廻ったので予定通りやれることになりましたが、舞台裏には大道具の収納という頭の痛い問題があります。せりに埋め込んだインペルダウンの監獄を出さないと水に濡れてしまう。そうした段取りを決めるのも舞台監督の仕事で、各スタッフとやりとりをしながら全体を調整していきます。

巨大化したハンコックは衣裳を吊る場所を探すのに苦労しました。照明や大道具などでバトンはすべて使いきっている状態でしたから。ラストのサニー号も悩みの種で、最初から帆柱を立ててしまうと奈落に収納できない。それでその仕掛けや、一味が見栄えよく並ぶために横に張り出す部分を考案したり。舞台の広い博多座だと同じ船では小さく見えてしまうので大きくつくり替えました。

劇場によって大きさや舞台機構は異なりますから最初のプランがすべてではない。その時その時に一番いい形を探していかなければならないのです。

Profile プロフィール

小寺仁

こでら・じん 音響プランナーとして『風林火山』（猿之助演出）や『ガブリエル・シャネル』等を手がける。歌舞伎に精通し、邦楽を交えた舞台や和洋ミュージカル等を得意とし、ジャンルを問わない音響空間をつくりだす技術に定評がある。

藤原道山

ふじわら・どうざん 尺八演奏家、作曲家。10歳より尺八を始め、人間国宝 山本邦山氏に師事。'01年ALBUM『UTA』でCDデビュー。以降、歌手、音楽家らと多彩なコラボレートをし、尺八の新境地を開く活動を展開。舞台音楽も多数手掛ける。

上田大樹

うえだ・たいき 映像作家。&FICTION!代表。'00年、大学在学中より映像制作を開始。ケラリーノ・サンドロヴィッチ、劇団☆新感線、大人計画等、様々な舞台作品の劇中映像を手掛けるほか、MV、CM、グラフィックデザイン等多岐にわたり活動。

原田保

はらだ・たもつ '71年より吉井澄雄氏、沢田祐二氏に師事。'83～'07年まで110本の蜷川幸雄作品に参加。第15回読劇大賞最優秀スタッフ賞、第19、24回、同優秀賞受賞。『黒塚』等、最近の四代目猿之助作品にも多く参加。

渡辺智隆

わたなべ・ともたか アクション監督として、さまざまな舞台や映像、ヒーローショーなどに携わっている。ジャニーズのコンサート等では自らスタントを務め、身体能力の高さを発揮。全体を掌握するリーダーとしての監督ぶりに定評がある。

市川猿四郎

いちかわ・えんしろう 歌舞伎俳優。立師。立役として澤瀉屋一門の脇を固めながら、立師として数多くの作品で立廻りを創り上げる。立師として、『滝沢歌舞伎』や宝塚歌劇『るろうに剣心』といった歌舞伎以外の舞台にも携わっている。

キャプテン猿之助の スーパー歌舞伎Ⅱワンピース 演出ダイアリー

第三幕

Log 13

まさに頂上決戦!! マリンフォードで大物が激突!!!

照明　映像とのコラボで面白かったのはグラグラの表現。床を照らしている機材は希少です。（原田）

映像　映像をどんなに多用しても揺るぐことない歌舞伎役者さんの存在感に圧倒されました。（上田）

幕間も気持ちが途切れることなく『ワンピース』の世界に浸ってもらいたい。最初の休憩で登場する一味がデザインされた定式幕はその一環で堀尾さんのアイディアだ。二度目の休憩では宙乗りの余韻を味わってもらおうと『TETOTE』をしばらくかけてもらうことに。そして三幕が始まる少し前、まだ客席が明るいうちに今度はまったく違う、緊迫感を煽るような音楽を流し客電を徐々に落としていく。

幕が開くと、マリンフォード広場につるや三大将を始めとする海軍の大物が控えている。そしていよいよセンゴクの登場だ。東京初演ではセンゴクは一幕にも出演していたのだが、ラスボスにすることに。きっかけは声優をさせてもらった『ONE PIECE』のアニメ『アドベンチャー オブ ネブランディア』。あの作品ではつるがけっこう指揮を取っていたので一幕はつるに任せようと思ったのだ。

一幕で、つる、三大将のマントに正義の文字が躍る中、海兵たちがせり上がるのは『オオクニヌシ』のラストからの引用。この場面で暗示させておいた大きな戦いがいよいよ始まる。白ひげ登場の前にセンゴクとスクアード、そしてエースとの関係を見せたのは舞台化に際しての脚色だ。横一列になった白ひげ海賊団がゆっくりとせり上がりながら登場するところは、『シルク・ドゥ・ソレイユ』の『カー』の影響。2、3階の席で見ると海賊の影が後方に映ってカッコいいとの声が届く。ここの音楽を温かくも冷たくも受け取れるような女性のボイスにしてほしいと道山さんにオーダーしたところ、以前からファンだったおおたか静流さんが引き受けてくださった。

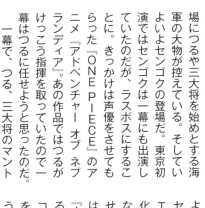

舞台上に出現するセンゴクの映像はいつしか砲台に！かくして白ひげ海賊団の死闘が始まる!!

東京での初演の幕が開き、上演を重ねていくなかで大幅に手を入れたいと思ったのは三幕だった。ルフィがどうしても助けたいと願うエースを救うために、マリンフォードへやって来るのが白ひげ海賊団。大物キャラである白ひげの最期は原作でも盛り上がる場面となっているが、海賊団のメンバーひとりひとりの死闘をもっと丁寧に描くべきだと感じたのである。

スーパー歌舞伎では初めての試みとなった映像も増やすことに。センゴクの巨大な顔が映し出された時はびっくりで〝覇気〟の表現も素晴らしいものとなった。

スーパー歌舞伎の舞台裏知りたい SKBS 8

この瞬間を見逃すな！能力者たちのワザの競演!!

マリンフォードの海を一瞬で凍らせる青雉の技は、舞台両サイドから大量の紙吹雪舞うなか、スピーディーなフライングで表現。ルフィの技は映像やダンスで見せてきたが、ついに仕掛けのパンチが登場。数秒の出来事だから見逃さないように！

青雉によって凍ってしまうルフィは映像によって表現。凍ったルフィの映像は、実際に猿之助さんがカチカチに固まった姿を演技して撮影。エースによってルフィは無事に解凍される。そのエースの技も映像で表現。

合成前

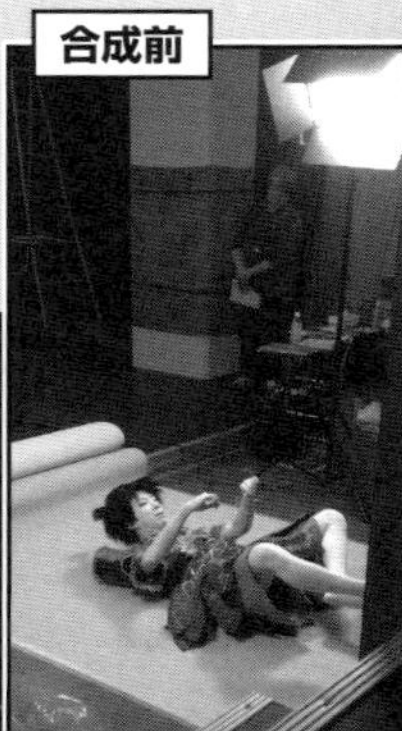

合成後

Log 14
マルコが！オーズJr.が!!白ひげの死闘は古典歌舞伎がベース!!

人気キャラのマルコはもっと活躍する場面があってもいい。不死鳥と呼ばれているのだから宙乗りをしてもらおう。せっかく客席を斜めに飛べるようにしてもらったのだから、ルフィとは逆ルートで舞台に舞い降りお客様にもう一度楽しんでいただこう。荒事などで使う高下駄に長袴ならオーズの大きさも歌舞伎的に表現できる。さらに映像で補おう。思いついたことをどんどん実現させた。

白ひげのベースが『義経千本桜』に登場する平知盛にあることは今では周知の事実。これは立廻りに『義経千本桜　渡海屋・大物浦』を取り入れられていたので、その演出でいこうと思った。白ひげと花道にいる海賊団メンバーの別れのシーンは『仮名手本忠臣蔵　四段目』から。こうした古典は歌舞伎役者なら誰もが知っていて当然。だから具体的なことをいちいち示さなくても「そこは『四段目』のあそこで」で通じる。新作の稽古場は古典の素養が試されるところでもあるのだ。スクリーンになったり重要人物の登場を印象づけたり。直線にも曲線にもなり、移動もできる堀尾さん考案の壁はさまざまな場面に使われた。

マルコの宙乗りはゆっくりとぐるぐるしながら花道に舞い降り、不死鳥らしさを演出。

舞台監督　通常、宙乗りは花道の上をまっすぐに飛ぶのですが、猿之助さんのこだわりは斜め。設備を設置するため場内を改造してもらいました。（井口）

髪ヘア　白ひげは歌舞伎風に髪のもみあげを工夫してひげのように見せて、という案もあったのですが、最終的に現在の形になりました。（宮内）

映像撮影のためオーズ役の俳優さんに演技指導をする猿之助さん。

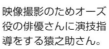

Log 15 エースVS赤犬!! 大迫力のフラッグアクション!!!

LED化され軽くなり扱いやすくなったライトセーバー。同じ赤系でも赤犬とエースとで光の色に違いが。

エースと赤犬が闘うマグマの立廻りは猿四郎さんから大旗でと提案された。旗は『ヤマトタケル』からの伝統でスーパー歌舞伎ではお馴染みの演出だ。作品ごとにパワーアップして『新・三国志』シリーズでは京劇俳優によるアクションが導入されるに至った。今回もそれが検討されたが、スピーディーでアクロバティックな彼らのあの演技のためには、京劇の伝統に則って舞台に分厚い絨毯を敷かなければならない。だが、場面転換の都合上それは難しい。

そこで紹介されたのが、ヒーローショーなどで実力を発揮しているB.O.Sの皆さんだ。そのアクション監督である渡辺さんが猿四郎さんと苦心してつくってくれたのがこの場面で、ふたりが相談した結果、穴井さんも加わって舞踊的要素が取り入れられた。

ある時、稽古場で突然やって見せられたのがVSという文字の表現で、こんなことできるのかとびっくりした。スタッフそれぞれが自主的にどうすればよりよいものになるか、考え動いてくれている。少し前の場面になるが、白ひげに刃を突き立てた後にセンゴクの陰謀にハマったと知ったスクアードにマルコが言葉をかけるところがある。あのセリフは巳之助さんたち若手が自分たちで考えたものだ。

剣を振りかざす赤犬の前でエースが後ろ向きで海老ぞりになる演技は、歌舞伎ではお馴染みのものだ。自分は『蜘蛛絲梓弦』という舞踊に取り入れている。

演出　旗を使っての今回の立廻りは炎の映像と照明が相まって、かつてない臨場感となりました。（横内）

技《アクション》　アクロバットの部分を担当し、キマリは歌舞伎。さらにダンスの要素を加えてもらいました。（渡辺）

スーパー歌舞伎の舞台裏知りたい SKBS 9

「愛してくれて………ありがとう!!!」あの名場面をどう描く!?

エキサイティングな場面から一転して、場内が静まり返る感動の場面だ。

ピンスポで浮かび上がるのはルフィに後ろから抱きかかえられたエース。お馴染みの名場面で猿之助さんがイメージしたのはミケランジェロのピエタ像。やがてエースの手ががっくりと落ち……。そこに姿を現す白ひげ海賊団のメンバーには「背景のように、一人一人鎮魂の気持ちで現れてほしい」と猿之助さん。戦の虚しさが表れる場面に。

Log 16

シャンクス登場の勇気ある決断!!
美しき癒しの星が浜!!

最初、シャンクスの髪や衣裳は歌舞伎寄りだったが、大阪公演からガラリと代わってさらに微修正。

博多座

傷

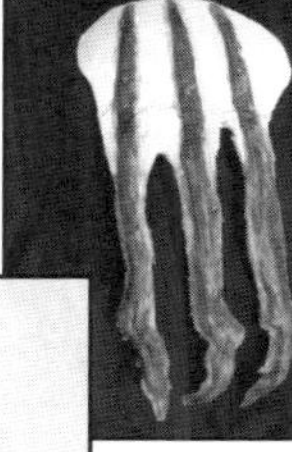

デザイン

シャンクスの傷は猿之助さんの顔に合うように粘土で型を取ってつくっている。

髪《ヘア》 新しくつくった髪はワイン系の３色を混ぜて立体感を出しています。ベースとなるカラーにハイライト、シャドウを重ね、スタイリングで躍動感と動きを出すようにしました。（宮内）

音《響》 シャンクスが登場するシーンを音楽で盛りあげてほしいと言われ、思案の結果、マイケル・ジャクソンのツアーでも使われたことのある『カルミナ・ブラーナ』に着目しました。（藤原）

歌舞伎では役や役者の特性をニンという言葉で表現するのだが、自分はどう考えてもシャンクスのニンではない。ニンでないものが演じてそれらしく見えるようにするには演出が必要だ。どうすればシャンクスをカッコよく見せられるか。廻り舞台を使ってゆっくりとせり上がり光の中から現れることにした。1分まではかからないけれどほぼ半周。横内さんは、そんなに時間をかけて大丈夫かと心配していたけれど、勝算はあった。歌舞伎には争いを収めるために出てくる「留め男」というキャラがある。このシャンクスはまさしくそれだ。

星が浜は、寺院で行われる万燈会のような美しさを表現したいと思った。理想はオペラ座の怪人が蝋燭の明かりのなか、ボートを漕ぐシーン。固形燃料とか蝋燭とかいろいろ試してみたけれど物だけでは難しい。それで人に持ってもらうことに。人海戦術でぐるぐる動いてもらい、その群れを利用してハンコックからルフィへ早替り。傷ついたルフィへのハンコックのせりふ「希望の明かりを」は美しいので大事にしたいと思っている。

初演

Log 17
サニー号に一味が集結！冒険はまだまだ続く!!

脚本 散り散りになった〝麦わらの一味〟をいかにしてサニー号へ集結させるか。そこから逆算して描いていったところもあります。（横内）

衣裳 猿之助さんはラストのハンコックの衣裳にこだわりがあり、博多座公演の初日が開いてからさらに袖に手を加えています。（竹田）

ラストに登場するサウザンド・サニー号は、一味が再集結して新たな冒険に旅立つ場面にはマスト。まず横向きで現れた船体を人力で前方へ押し出し、廻り舞台を使って船首が正面を向くと舞台の縁までやはり人力で移動する。そのためには縦と横、それぞれの方向に動く車が必要で、サニー号に潜んだ5人の大道具さんがわずかな時間にそれを付け替える。一味9人とあわせて合計14人が実はサニー号にはひしめいている。そして帆を張ったりに、船体の一部を横に張り出したり。それもすべて手作業なのだ。ここで流れるテーマ曲は東京初演ではスローだったがアップテンポに変更、衣裳もきらびやかでないものを着ることにした。そのほうがこの場のルフィにふさわしいと思ったからだ。

一味のイラスト入り定式幕はファンにとってはうれしいだろうし、本当に素晴らしいアイディアだ。『空ヲ刻ム者』でスーパー歌舞伎なのに定式幕を登場させた意外性に対するお客様のリアクションや、福山雅治さんがデザインしてくれた襲名の祝い幕に皆さんが感嘆された様子を通して、歌舞伎においては幕がもたらす効果を実感しているだけになおさらそう思う。引幕だとシワが出てしまうので上から下ろし、ここにエンドロールを映すことにした。

カーテンコールはまずハンコックで。これは『カグヤ』の日輪の女神のイメージを踏襲。最後に全員でせり下がるのはもうこれで終わりですよというメッセージでもある。

スーパー歌舞伎の舞台裏知りたい SKBS 10

ガープとレイリーも登場していた!! 歴戦の勇士たち!!

ルフィの祖父で海軍中将のガープや海賊王ロジャーの片腕といわれたレイリーなど、『ONE PIECE』には「カッコイイおっさん」キャラも存在している。2015年、新橋演舞場の初演では、ルフィが仲間と再会する前の場面でこのふたりも登場していたのだ（→P.96参照）。

つる

七世市川門之助の長男。1969年二代目市川小米を名のり初舞台。'90年八代目門之助を襲名。立役の二枚目や女方などで幅広く活躍。憂いを帯びた高貴な人物などに定評がある。スーパー歌舞伎には全作品に出演している。

市川門之助

Monnosuke Ichikawa —— Tsuru

歌舞伎の古典の大役と宝塚の男役をミックス

演じたのはつるで、女性ながら海軍中将というポジションにいる人物だ。

「個性的で奇抜なキャラクターもたくさんいるなか、見た目はごく普通の年配の女性。ですから拵えに関して、他の皆さんがなさったような苦労は特にありませんでした。漫画の要素を取り入れながら歌舞伎テイストの入ったスタイルで、雰囲気のあるいい格好をさせていただいたと思っています」

役づくりで参考にしたのは歌舞伎の〝三婆《さんばばあ》〟。それは女方の大役とされている老女3役を称したもので、そのいずれも凛とした佇まいで、危機的状況に動じず信念を持って行動する格式ある女性である。

「今回に限ったことではないのですが、新たな役に取り組む時というのは〝それらしい役〟を古典の中から探してみるようにしています。そうすると本当にありがたいことに歌舞伎の歴史は長いものですから、たいていの場合は見つかるものなんです」

ただ困ったのはパンツルックだったことだそうだ。

「いつもは着物ですから女方のお役は内股が大前提。でも、それではパンツだと格好がつかないんです」

歌舞伎の立役でも女方でもない、舞台でのあり様を求めてたどり着いたのは出演者全員が女性である宝塚歌劇団だった。

「宝塚の男役さんが演じる男性というのは現実の男性とは違います。男性を演じている女性が舞台で格好よく見えるようにできています。まさに歌舞伎の女方の逆で、宝塚の歴史の中で蓄積された技術というものがある

最初の衝撃を超えて自分の中の歌舞伎の限界を広げてくれた作品です
（市川門之助）

のだと改めて実感しました」

　立ち居振る舞いを克服して迎えた舞台稽古で、作品の全容を目にした時は衝撃だったという。

「それまでの稽古場では素顔で衣裳もつけていませんし、実際の舞台装置を目にしたのはその時が初めて。ニューカマーランドにはただただびっくりで、これをやってしまって大丈夫なんだろうかと本気で思いました」

　サイケデリックな色彩の洪水のなか、奇抜なファッションのニューカマーたちが繰り広げる世界はあまりに刺激的だった。

「だけどみんなが生き生きしていて面白かった！」

　エネルギーに満ち溢れたニューカマーたちの活躍でルフィは無事に兄エースのもとへと向かい、物語は佳境に入っていく。

「この作品によって自分の中の、歌舞伎の限界がものすごく広がりました」

スーパー歌舞伎のなかの『ワンピース歌舞伎』

　舞台稽古で感じた不安は初日の盛り上がりがすべて払拭してくれ、開いてみると今度は嬉しい驚きがあった。

「それまでまったく『ONE PIECE』のことを知らなかった、いつもご贔屓にしていただいているお客様がすっかり『ワンピース』のファンになられて。もう本当に何度もお越しくださったんです」

　その数、ナント！2か月の東京公演で36回!!リピーター率が高かったのはこの舞台のひとつの特徴だった。

「何度も行きたくなる気持ちはわかります。宙乗りの場面に、みんながどんどん参加し始めたので自分も出てみたんです」

　海軍のつるの顔のままというわけにもいかないため、「おじいさんの格好」での参加となった。

「出てみて初めて知りましたけど、あそこで一緒に騒ぐと本当に楽しいんです。お客様が本当に楽しんでいらっしゃるのが直に伝わってくる。そして出演者がそれを感じている様子がわかるからさらに楽しい。踊りっぱなしなのでくたびれましたけど(笑)」

　『ONE PIECE』を知らなかった歌舞伎ファンに『ワンピース』を通して原作の物語世界に興味を抱かせたように、それまで歌舞伎とは無縁だった漫画やアニメのファンが劇場にたくさん詰めかけた。

「それは本当にうれしかったですね。それでそうした方々が〝ワンピース歌舞伎〟という言葉を口にしているというのを知り、スーパー歌舞伎のなかのひとつのジャンルとして〝ワンピース歌舞伎〟というものがあってもいいんじゃないか、などと思いました。また違う物語があったり、配役が変わったりして20年、30年続くようなものになることは十分あり得ると思います」

市川弘太郎

Kotaro Ichikawa —— Sentomaru/Hachan/New Comer Suu

1993年「市川右近の会」で初舞台の後、'95年三代目市川猿之助（現猿翁）の部屋子となり、市川弘太郎を名のる。古典から新作まで立役としてさまざまな役を演じ幅広く活躍している。舞踊にも定評があり、溌剌とした役で個性を発揮。

戦桃丸

はっちゃん

ニューカマー・スー

様式とリアルを行き来して楽しくやれた戦桃丸

演じたのは3役。魚人族のはっちゃんと海軍本部科学部隊隊長の戦桃丸、そしてニューカマーのスーだ。

「ひとつの作品の中で、戦桃丸で出ていた役者がニューカマーをも演じるというのが何とも歌舞伎らしいですよね。一人の役者が何役も演じるのは歌舞伎の面白さのひとつ。役者は、それぞれをどういうタッチにして違いを見せていくか。そういう意味で一番苦労したのは、はっちゃんでした」

ビジュアルからして難航した。

「タコの口をどう表現するかに意識が行き過ぎて、顔がなかなか決まりませんでした。本当にギリギリになって四代目から『悪太郎《あくたろう》にしてみたら?』という一言をいただき、ようやく落ち着きました」

悪太郎とは市川猿之助家に伝わる舞踊『悪太郎』の主人公のことで、その化粧を取り入れたのだ。『ONE PIECE』のなかで、はっちゃんが比較的早い時期に登場したキャラであることも頭を悩ませる一因に。

「ルフィとの以前のかかわりやケイミーとの関係等、ここに至るまでの歴史や背景があるわけで、ファンの方はそれを踏まえてご覧になっている。自分はこの舞台をやることになって初めて『ONE PIECE』に触れた初心者ではあるけれど、できるだけそういうものは出していかなければと思いました」

歌舞伎で長い物語のある部分だけを上演する際の役づくりにどこか似ている話でもある。はっちゃんとは対照的に「迷いなくやれた」のは戦桃丸だった。

「もともとの造形が歌舞伎の拵えの範疇に入っていますから。役柄や衣裳に合わせて顔の隈取は茶色にすぐ決まりました。歌舞伎で〝赤っ面〟と呼ばれている古典の敵役が基本イメージです。でもそこにとらわれ過ぎずに、横内さんの書いた台本のなかでスーパー歌舞伎としてどう成立させるかを重要視しました」

演じていて「役として面白かった」のはエースを痛めつけるシーンだった。

「そこの場面をどう色濃くできるかを重点的に考えることで全体が見えていきました。〝赤っ面〟の古典的な演技にとらわれず、といっても自分の基本にあるものは歌舞伎なので、どうしても歌舞伎っぽくなる。福士さんや平さんのような現代劇の俳優さんを相手に、あの音楽のなかでリアルに演じるという経験は何ともいえないものがあり、そのミスマッチ感が面白かったです」

三幕でエースの顎に手をかけるシーンがある。

「あんなふうに実際に顎を握るように持つことは歌舞伎では

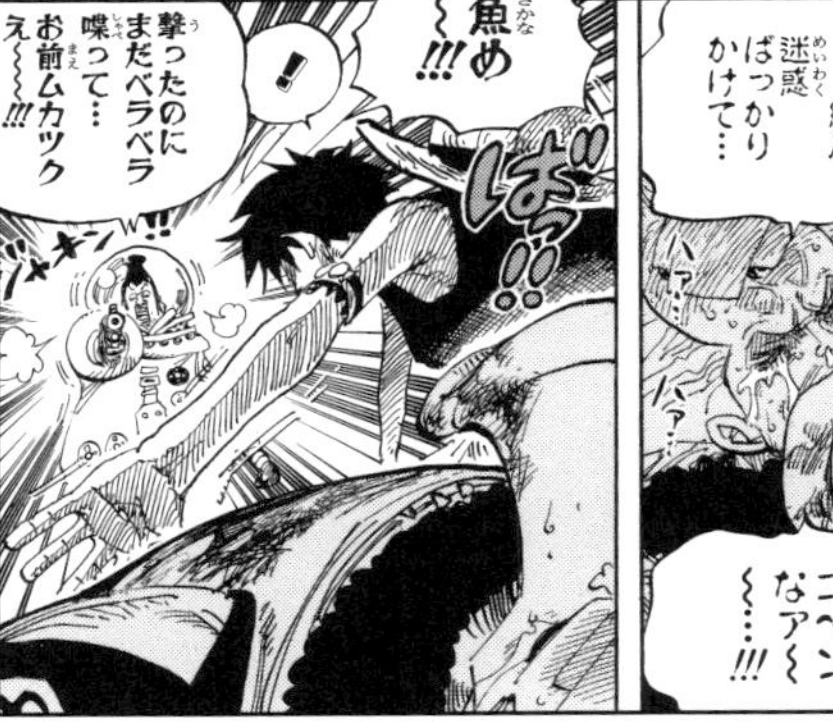

『ONE PIECE』という すごい作品に立ち向かう 未知なる航海でした

（市川弘太郎）

基本的にないので新鮮でした。気持ちが入ると本当にギュっと握ってしまうことも(笑)。そうすると相手もそれに反応してくる。そうやって役者同士、役の人物としてやりとりをする芝居の面白さを味わいました」

ドラァグクイーン検索で とにかく必死に踊り込み

歌舞伎俳優が洋装で激しいダンスを繰り広げ、この上もなく楽しい世界が現出したのは二幕のニューカマーランドだ。

「楽しい場面ですが、あくまでもお客様に楽しんでいただくためにやっていること。僕達が本当に楽しんでしまってはいけないわけで、楽しそうに見せることが大切。役者が本気で楽しんでしまったらぐちゃぐちゃになってしまいますから」

とにかく苦戦したのはダンスだ。

「日本舞踊が身体に染みついているものだから、それが邪魔をして思うように動けないんです。自分のテリトリーで解決しようとしても無理。手も足も出ない時はとにかく踊り込むしかない。そういう癖はついているものですから、もう本当にものすごく稽古しました」

メイクはスマホで「ドラァグクイーン」を検索してリサーチ。

「人生であんなにもドラァグクイーンの画像を見ることはないだろう、というくらい見ました(笑)。イワンコフのせりふに従って、なりたい自分になろうと、胸を増量したりメイクを凝ったり好き勝手にやらせていただきました」

3役の経験を通して得たものは実にさまざまだった。

「初日が開いてみないとわからないという状況のなかで稽古したあの期間はまさに未知なる航海で、『ONE PIECE』というものすごい力を持った原作に立ち向かっているという感じでした。それが作品世界とかぶるようなところもあり、こんな経験をできることもなかなかないだろうなと思いました」

そして結果は大成功。

「お客様にたくさんいらしていただいて、そして面白いとおっしゃっていただけたことが何よりうれしく、ありがたいことでした。東京で2か月、大阪、博多と4か月やっていくなかで、『ONE PIECE』という作品が持っている力というものを改めて実感させられました。出演させていただけて本当によかったと思っています」

嘉島典俊

Noritoshi Kashima —— Sakazuki/Brook/New Comer Satchin

大将〝赤犬〟サカズキ

ブルック

ニューカマー・サッチン

6歳の時に大衆演劇で初舞台。愛らしい女方姿で「チビ玉」と称され一世を風靡。'85年二代目中村扇雀（現坂田藤十郎）に認められ歌舞伎を経験。数々の舞台、映像で活躍。大河ドラマ『風林火山』では猿之助と共演。舞踊名は花柳友季洋。

エースに敵対し挑発する嫌われ者に徹しました

演じたのは〝麦わらの一味〟のブルック、海軍大将である赤犬サカズキ、ニューカマーのサッチンという、立場も個性もまったく異なる3役だ。

「観に来てくれた知人に『どこに出てたの?』って聞かれましてね(笑)。3役とも僕がやっているとわからなかったそうなんです」

つまりそれだけ個々の役になりきっていたという証。

「『ONE PIECE』をスーパー歌舞伎として上演すると知り、猿之助さんにお会いした時にぜひブルックで出させてくださいとお願いしたんです。どういう内容になるかもまったくわからなかった頃のことです」

何故にブルック?

「紳士でくだらないギャグを言っているところが面白くて好きなんです」

念願は叶い、さらに重要な役が加わった。

「赤犬は菅原文太さんをイメージしたキャラクター。ガタイ的なことも含めて自分でいいのかな、と思いました。でもまあ、猿之助さんが決めたのなら、その演出の通りに動いていけばどうにかなるだろうと。ただ最初はどうしても文太さんをなぞってしまって……。だけど初日が開いて1週間くらいした頃に、自分のなかでシフトが変わったんです。エースに対峙する敵役として嫌われ者に徹しようと。そこからは毎日、どうやってエースを挑発してやろうかと、そればかり考えていました」

エースと赤犬の闘いは、立廻りとアクションが混然一体となったエキサイティングな演出で表現された。マントをなびかせながら大きなフラッグを見事に扱いこなして「悪い人は格好よくなければいけない」という持論を体現することに。

「フラッグは初めてでしたけれど、長刀とか槍に布がついたようなもの。マントに絡まないよう気をつけることが増えたくらいで、基本はいつもと一緒です」

かくして地芸の確かさを印象づける場面に。そしてそれが逆に作用してしまったのがニュー

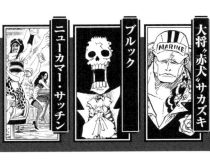

さらによくして次へ向かう物語のエンディングそのものなのだと思います
（嘉島典俊）

カマーだった。

「踊りとして振りを覚えることはできても、ダンスですから表現がチグハグになってしまうんです。洋服を着ているのに腰重心になっちゃう（笑）」

役のポジションを見極め みんなでいいものを！

3役を演じ分けるだけでも切り替えが大変なはずなのに、「出ていない時はずっと衣裳と化粧をし替えている」という状況だったそうだ。まずブルックで登場してエース生け捕りの場面に赤犬として並び、一幕と二幕の間でニューカマーのしたく。二幕の出番が終わると再び赤犬になり、エースとの激しいバトルを繰り広げた後、ラストの一味勢揃いの場面のためにまたブルックへと戻るのである。

「上演を重ねるうちに芝居のテンポは上がり、全体を見直してカットになったところもあります。ですから準備のための時間はどんどん短くなっていきました。二幕から三幕にかけては特にせわしなかったです。でもまあ、化粧をし替えていかに早く次の役の準備をするかというのはずっとやってきたことですし、出る瞬間にその役のスイッチをどう入れるかという環境で育っていますので」

自身にとって『ワンピース』という作品は、大衆演劇をホームグラウンドにさまざまな現場で「コツコツ積み上げてきたものの集大成」というべき舞台となった。

「途中であきらめずにコツコツやっていれば必ず日は当たる。その思いでずっとやってきましたが、それがだんだん形になっていくなかで『まあ、どうにかなるよ』という気持ちが芽生えていきました。赤犬という役に動じることなく取り組めたのもそれがあったから。そして、何より大きかったのは猿之助さんという存在でした」

常に考えているのは「いただいた役のポジションがどこにあるのか、全体のなかで際立たせる部分はどこなのか」ということ。そしてそうやって取り組んだ『ワンピース』にはみんなでつくりあげた達成感があった。

「でもそれはその時点での達成感であって通過点に過ぎない。だからまたみんなで集まってさらによくして、次へと進んでいく。この舞台で描かれている物語のエンディングそのものなのだと思います」

坂東竹三郎

Takesaburo Bando —— Belladonna

1949、尾上菊次郎の弟子となり尾上笹太郎の名を名のり大阪で初舞台。'59年三代目坂東薪車と改名。'67年菊次郎の名前養子となり五代目坂東竹三郎を襲名。立役、女方ともに演じ、上方歌舞伎にとって貴重な存在。猿之助との共演は多数。

発想のすごさにびっくり 興奮させる素晴らしい舞台

演じたのはベラドンナ。傷ついたルフィを星が浜で癒す、アマゾン・リリーの女医だ。

「原作の漫画ではビキニを着ているということで、四代目さんが悪戯っぽく笑顔を浮かべながら『ビキニ着る?』なんておっしゃるものですから、『勘弁してください』と申し上げました」

エキゾチックな雰囲気の漫画のイメージや、ミュージカルや宝塚などの舞台に登場する女性のようにアレンジしたスーパー歌舞伎版ベラドンナは、優しげな風情で微笑む。

アバロ・ピサロ役で出演している寿猿の2歳下、1932年の生まれというから驚きだ。この世代にしては珍しい、彫りの深い顔立ちに洋風のメイクが映えている。

「恐れ入ります。照明が暗いので、どうにかごまかせていますが(笑)。漫画ファンの方に私のベラドンナがどう映ったかちょっと不安なところはありますけれど、舞台そのものは本当に素晴らしかった……。発想のすごさにびっくりしながら、宙乗りのところなどはお客様と同じように興奮していました」

エキサイティングな場面が続いた後だけに、星が浜に広がる光景の美しさと心の交流が際立つ。

「ゆっくりした場面にも流れというものがあります。その流れを止めないようにと思いながらやっておりました。ただ……、これと言って力を入れるようなところのないお役でしたのでね。これで本当にお役に立てているのかと思うと申し訳ない思いがあります。浅野さんなんて、慣れない歌舞伎をなさるだけでも大変なのに何度も拵えをし直してバタバタでしたから」

一俳優として少し複雑な様子を垣間見せながら、外部から参加した出演者への年長者らしい気遣いを見せる。

スーパー歌舞伎には三代目猿之助(現猿翁)の時代から何度も出演経験があり、猿之助が四代目を襲名した折の『ヤマトタケル』では立役として尾張の国造を演じた。

新しいことをなさる舞台に出演でき、幸せなことでした
（坂東竹三郎）

「四代目さんが新しいことをなさるその舞台に、こうして出演できたことが何よりうれしくありがたいことでした」

『ワンピース』で舞台復帰 そのためにがんばった！

『ワンピース』のキャストが発表になったのは2015年7月。帝国ホテルで行われた製作発表記者会見でのことで、その折の発表では竹三郎の名はなかった。実は当時、体調を崩して療養中の身だったのだ。

「明治座で四代目さんと舞台をご一緒していた5月の千穐楽に近いある日、体調が思わしくなかったので出番が終わってから病院に行ったんです。いろいろ検査しているうちに夜になってしまいましてね。そうしたら四代目さんが9時過ぎに病院に駆けつけてくれて、先生といろいろお話をなさって……」

検査の結果を踏まえて、そこから少し離れた別の病院に入院することになった。

「車で2時間半くらいかかるその病院まで送ってくださって、入院手続きやらなにやら全部してくださいました。自分ではそんな大変なことになっているとは思っていなかったので、翌日も舞台に出るつもりでおりましたら、とんでもない話だと。それで手術を受けることになりました。ですから命の恩人なんです」

スーパー歌舞伎Ⅱでの『ONE PIECE』の舞台化が決まった時から、出演を切望し猿之助自身もそのつもりで進めていた。その過程で起こった予期せぬ体調不良。公演初日まで5か月あるとはいうものの、初日が開けば1日2回というスケジュールの多い公演が2か月続く。年齢的なことも含め無理はさせられないというのは順当な判断だ。

「『ワンピース』に出ることを目標にしていました。そのためにがんばったのに出られないなんて……。それでどんな役でもいいからとお願いしたんです」

そして念願叶って『ワンピース』で舞台復帰。

「さらに大阪、博多の公演にも出演させていただけたのは幸せなことでした。年が年ですからいつまで続けられるかはわかりませんけれど、四代目さんが何かなさる時には何でもいいから協力させていただきたい。そんな気持ちでおります」

市川右團次

Udanji Ichikawa ―― Edward.Newgate

エドワード・ニューゲート（白ひげ）

日本舞踊飛鳥流家元・飛鳥峯王の長男として生まれ、1972年に本名で初舞台。子役として活躍した後、'75年に三代目市川猿之助（現猿翁）の部屋子となり市川右近を名のる。2017年1月、関西歌舞伎の大名跡である右團次を三代目として襲名。

初演時：市川右近

歌舞伎の様式性をどう取り入れていくか

演じたのは『ONE PIECE』に登場するキャラクターの中でも超大物。白ひげ海賊団船長のエドワード・ニューゲートである。

「単純にビジュアルだけを見ても、設定されたキャラクターは人間とは思えない大きさ。もちろんそこには外見だけではない人物としての大きさ、懐の深さというものがあり、さらに作品を愛するファンの方々の思いのなかでとてつもなく膨らんでいる部分もある。ごく普通の、生身の人間がそれを演じて、皆さんの目に果たしてどう映るのか……。最初はやはり、それが非常に気になりました」

大海賊ゴールド・ロジャーと同じ大海賊時代を生きた伝説の男にして、世界最強といわれる人物。作品世界のなかに息づく存在感には確固たるものがある。

「漫画での最初の登場の仕方からして見開きで大きく描かれ大物感たっぷり。とんでもない存在感を誇示しておきながらそれからしばらく登場せず、ようやく出てきたと思ったらまた大きくドン！ですから……。そしてそれらの場面が頂上戦争の前フリになっている。よくできているなあと実感します。どこか歌舞伎の通し狂言のつくり方や大役とされているものに通じるところがあると思いました」

通し狂言とはいくつもの要素が組み合わさって一つの長い物語を形成している歌舞伎作品のことだ。白ひげの扮装のベースとなっているのは『義経千本桜』に登場する平知盛。『仮名手本忠臣蔵』、『菅原伝授手習鑑』と共に三大名作とされている『義経千本桜』は今も上演が繰り返されている人気の通し狂言である。

「衣裳も最初はローブをまとうなど、もっと原作寄りのものでした。けれど、歌舞伎に引きつけやすい役でもありましたし、打ち合わせを重ねるうちに知盛で行こうということになったんです。そこで古典の知盛を踏まえつつ、スーパー歌舞伎の演技術というものをふんだんに盛り込んで役を造形していきました」

海賊団のメンバーを相手に語る、説得力あるせりふはまさにその象徴だ。

「あれは現代語で書かれていますから、普通に喋ればまったく普通にもなるせりふです。そ

**次世代に未来を託す
白ひげのせりふに
師匠の姿が重なりました**
（市川右團次）

こに歌舞伎の様式性を盛り込んでいくわけですが、スーパー歌舞伎として成り立たせるためには古典で勉強してきたことをどう取り入れられるかにかかっています」

ニューカマーランドから本水の立廻りや宙乗りなど、楽しくエキサイティングなシーンが盛りだくさんな二幕の後だけに、劇的な展開となる三幕はこうした歌舞伎的な演技が印象に残る展開となった。

「『ONE PIECE』的な世界と歌舞伎的な世界と両方があって、それがうまいこと融合したり化学反応を起こしたりして新たな世界を形成している。そこが四代目の演出のすごいところで、これこそがセカンドステージに入ったスーパー歌舞伎の新しさなのだと思います」

セカンドステージから繋がる未来へ

「次世代の海賊に未来を託し、まだ見ぬ海に新しい宝を探しに行けという白ひげのせりふは、新しいスーパー歌舞伎を自分たちでつくっていきなさいという師匠のメッセージに聞こえました。白ひげを通して師匠の言葉を代弁しているような思いがあり、自分自身も日々感動しながら役をつとめていました」

子役時代に猿翁に見いだされて入門して以来、憧れの師匠一筋。常にその背中を追い求めてきた。その〝市川右近〟が、縁あって市川團十郎家の名跡である右團次を三代目として襲名したのは２０１７年１月のことである。

「屋号も澤瀉屋から高嶋屋になりましたが、師匠から受け継いだ澤瀉屋の精神に変わることはありません。師匠のもとで学んできたことを、澤瀉屋だけにとどまらず広く歌舞伎界に伝えていくのが自分の役目。そうやって伝えることで自分もまた学んでいく。そしてそれは一生続きます。役者に完成などないわけで、ずっと未完のまま勉強をし続ける。それは言ってみれば充電器に繋ぎながらずっと電話しているようなものかもしれません」

尊敬する師が創始したスーパー歌舞伎の未来はさらにその先の世代へとも繋がっていく。２０１７年にセカンドステージに入った『ワンピース』には、二代目として右近の名を継いだ長男がチョッパーで出演。

「本人が芝居に出たいという思いを抱く大きなきっかけとなったのが『ワンピース』です。幼いうちにスーパー歌舞伎の世界観というものを肌で感じるのは貴重な経験。一つの芝居をみんなでつくりあげることを通して、そこに芽生える仲間意識や絆といったものに触れ、子供なりに何かを感じてくれればと思っています。そしてそれはこの作品のテーマそのものにも繋がることだと思います」

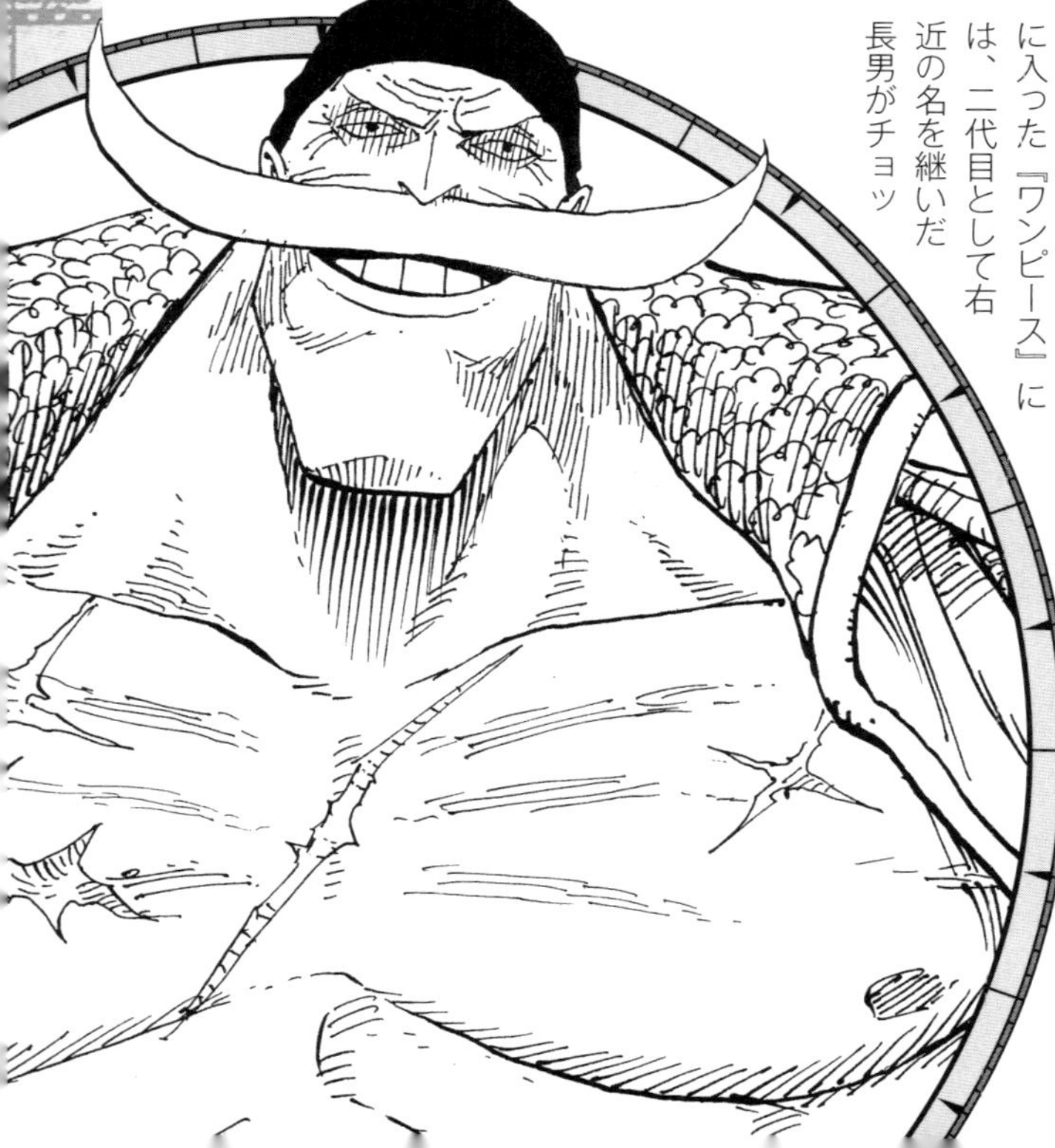

脚本演出 横内謙介

Kensuke Yokouchi

頂上戦争に焦点を当てる そこからの始まりでした

脚本の依頼をいただいた時点で決まっていたのは、『ONE PIECE』をスーパー歌舞伎Ⅱで上演し四代目(猿之助)がルフィを演じる、ということ。まずは原作を読むことからのスタートとなりますが、すでに長大な物語。とはいえ、例えば『三国志』の原本に当たることを思えば、それ自体はさほど大変なことではありません。細かい文字や描写が見えにくいということはありましたけれど(笑)。

原作に描かれているキャラや世界観を損なうことなく、演劇として感動できるものにするのが自分に与えられた任務。そのために集英社の編集部の方とのやりとりが始まりました。大胆に脚色しすぎてNGを出されたりしつつ、二転三転していくなかで、落ち着いたのが、頂上戦争に焦点を当てることでした。

ここなら〝麦わらの一味〟の仲間全員を登場させることができ、ルフィを中心に盛り上がる構成にできます。一味の名乗りを『白浪五人男』風にすればいかにも歌舞伎的だし、猿之助さんにハンコックと2役を演じてもらえば早替りも見せられる。海賊と海軍が激突するマリンフォードは、ダイナミックな立廻りを盛り込める。

そうしたスーパー歌舞伎に欠かせないシーンをどこに置いていくかを考慮しながら全体の構成を決めていきました。その結果、本水と宙乗りは二幕に集約されることになり、スペクタクルな場面が続いた後で、美しい癒しの星空を経てエンディングへ。

流れが決まったところで着手したのはキャスティングで、役者ありきの演劇である歌舞伎は、出演俳優の個性を活かすことが大切です。自分が原作から読み取ったキャラクターのイメージを四代目に伝え、この時点では敢えて原作を読まない立場を取った四代目の考えを聞きながら役柄に当てはめていくという作業でした。

歌舞伎俳優同士は年中、舞台を共にしていますから、性格や感性などの内面的なことからアスリート的なスキルに至るまでお互いを熟知しています。その見る目の確かさは、稽古場で日々実感することとなりました。

最初からこの人しかいないと思ったのは右團次さんの白ひげです。三幕しか出番がないのでは右團次さんに申し訳ないと思ったのですが、「そのほうが、役が大きくなる」というのが四代目の意見。結果はその通りでした。

ただ、白ひげをフィーチャーすることに気を取られた結果、初演の東京公演では白ひげ海賊団のメンバーの闘いの物語が希薄になっていたことに後になって気づきました。あそこで死闘を繰り広げるからこそ、その後のドラマが盛り上がる。そこで翌年3月の大阪松竹座公演に向けて大幅に手直しをすることになりました。

大阪公演から参加することになった尾上右近さんには、白ひげ海賊団の中でも人気キャラのマルコを演じてもらうことになり、役を膨らませました。ですが、マルコばかりが立ちすぎてもバランスが良くない。メンバーひとりひとりの存在がきちんと見えるようにし、桁外れにでかいキャラのオーズの活躍の場もつくりました。

オーズのような存在を違和感なく表現できるのは歌舞伎だからこそ。さらに今回は映像のおかげで表現の幅が広がりました。プロジェクションマッピングをスーパー歌舞伎で取り入れたのは初めてのことで、最初は映像が浮いてしまわないかという懸念がありました。ですが、照明や美術との連携もあり想像以上の効果だったため、これも大阪公演から増やすことに。

右近さんにもう一役ということで新キャラとして加えたのがサディちゃんで、サディちゃんの出をよくしようということで二幕の冒頭も書き替えました。歌舞伎では俳優が登場すること自体に大切なストーリーがある。

そういう意味では一幕のエースの登場は回想シーンだけど、ちゃんと出が立つように配慮しました。エースの最初の登場なのだから派手でなくては！ ツケが入ってバーッタリで行こうと。そういうところは漫画と似ているのかもしれないですね。

水脈は同じところにあった そんな気がしています

現代劇の作家の立場から見ると、歌舞伎という演劇は実に不思議なところがあります。まず女方という存在。男であるがゆえの制約がつくる世界こそに、歌舞伎の面白さの原点があるように思います。

ゴルゴン三姉妹などは、女方だから表現できたものがあると実感しています。あの人たちがきれいな姿でドレスを着て立っているだけで何とも言えない魔物感が出るというか……。

稽古場でそれはないだろうと思ったのは、宙乗りの音楽の長さとシャンクスの出でした。『TETOTE』をフルコーラスでやると聞いた時は、コンサートじゃないのだからいくらなんでも長すぎるだろうと。ところが実際はコンサートのような盛り上がり。

横　内　謙　介　Kensuke Yokouchi

シャンクスの出は廻り舞台を使ってゆっくりせり上がりますが、ここでそんなに時間をかける意味があるのか、というのが率直な思いでした。すでに全体がかなりの長尺になっていたこともありましたので。

　ミュージカルのように周りで歌ったり踊ったりしているわけでもなく、本人がただ立っているだけ。なのに実際の舞台ではわーっと拍手が起こり、そこを見せ場にしてしまった。大事な人がただ出てくるというだけで、その場面を成り立たせてしまう。現代劇の発想ではできないことです。

　先代（市川猿翁）は実にさまざまなことをやってきたけれど、これは見たことはなかった。四代目はいろいろ考えているのだと思いました。そして実感したのは、我々は教えられたことの先を見て、この後も発展形を示していかなければならないということ。

　幸いにも自分たちには、ここに至るまでのトライアンドエラーの蓄積があります。新たにトライすべきこととそうでないことの線引きみたいなものが、かなりできているんです。『ワンピース』が成功したのはそうした蓄積が、原作の持っている力にうまいこと合致したといえるかもしれません。

　そして思うのは根底に流れるものの相性のよさです。それぞれ別の場所にいたけれど、水脈は同じところにあった……。そんな気がしています。

制作 真藤美一

Yoshikazu Shindo

関わって下さった皆さんの個々の積み重ねの結集です

初日が開き、お客様が満面の笑みで舞台を心から楽しんでくださっている様子を目の当たりにした時、稽古場で自分が面白いと感じてきたものは本物だったことを実感しました。

　うまくいっている現場というのは得てしてそういうものなのですが、稽古場のあちこちで実にさまざまなことが起こっていました。スーパー歌舞伎の場合は圧倒的に物量が多いので、それが同時に多発するんです。

　ボン・クレーの引っ込みを初めて目にした時のことは忘れられませんし、二幕のニューカマーランドが日を追うごとにどんどんすごいことになっていく様子はかつてない光景でした。仕事なのに、ただそこにいることが面白くてしょうがない！という高揚感さえ漂う現場だったのです。

　その一方で本当にこれをやってしまっていいのか、という思いもありました。「面白い!!」と「いいのかな?」の両方の気持ちが同時に湧き上がってくるのです。ですが猿之助さん自身はまったく動じている様子もない。こっちも止めようとは思いませんでした。

　その結果、多くのお客様に喜んでいただけたのは、関わってくださった皆さんそれぞれが素晴らしい仕事をしてくださったおかげです。根底には先代である猿翁さんが創造したスーパー歌舞伎の手法というものがあり、それを受け継がれた猿之助さんの、いい意味での周囲の人を巻き込んでいく力やアーティストとしてのセンスが結実したのだと思います。

　どの俳優さんも何も言わなくても個々に演技を組み立てていきますし、スタッフは粒揃いの一流どころ。なかでも作品の骨格を決めてくれた横内さんの存在は大きかったです。

　原作のどの部分を取り上げるかについて、頂上戦争を強く推したのは横内さんでした。他の意見もあるなかで、『新・三国志』全3作でのスーパー歌舞伎の実績を踏まえての考えには確固たるものがありました。加えて猿之助さんが脚本を依頼したいと思ったという信頼感。

　猿之助さんや横内さんに限らず、俳優さん、スタッフひとりひとりがここに至るまでに積み重ねて来たものが花開いた舞台だったように思います。

Profile プロフィール

真藤美一

しんどう・よしかず　松竹株式会社演劇製作部長。'85年松竹入社。劇場勤務、海外駐在を経て'95年から演劇製作に携わる。市川猿之助主演作品では『風林火山』、スーパー歌舞伎Ⅱ第1作『空ヲ刻ム者』の製作を担当している。

横内謙介

よこうち・けんすけ　演出家・劇作家　劇団扉座主催。第36回岸田國士戯曲賞受賞。幅広いジャンルの作品を手がけ、スーパー歌舞伎では『八犬伝』、『カグヤ』、『新・三国志』の脚本を執筆。市川猿翁門下の俳優を主な出演者とした『新・水滸伝』では脚本と演出を担当。

©梅田悠

松竹株式会社　副社長　演劇本部長

安孫子正氏に聞く

Tadashi Abiko

注目の舞台はどのような経緯で生まれ、そしてなぜこんなにも多くの人に愛され大ヒットしたのか？長年にわたり歌舞伎製作に携わって来たスペシャリストに聞く。

舞台化するなら猿之助さんのスーパー歌舞伎Ⅱで

――大成功、おめでとうございます。

ありがとうございます。劇場に足をお運びくださったお客様、スーパー歌舞伎Ⅱ『ワンピース』パートナーズの皆さまを始め、ご後援、ご協賛をくださいましたすべての方々のおかげです。本当に心から感謝しております。

――まずはこのかつてない舞台が誕生に至るまでの経緯をお聞かせください。

集英社さんから企画をご提案いただいたのが始まりです。社内の詳しい者に『ONE PIECE』について聞いてみると、宝探しの冒険物語で愛や友情がテーマだと説明されました。芝居としてのドラマがきちんとあるのなら、それを丁寧に描けば面白いものになるだろうと思いました。それにこんなにも長い間、世界中の幅広い層に支持されているのは、惹きつけるものがあるという証です。そして猿之助さんに託すことになったのです。

――なぜ、猿之助さんなのですか？

猿之助さんの伯父様である市川猿翁さんは現代人の感性に合う新たな歌舞伎を創造すべく腐心され、スーパー歌舞伎という新たなジャンルを誕生させました。猿之助さんは、猿翁さんがつくりあげられたものを踏まえて、さらに自分の求めるものをつくりたいという意欲をものすごく持っています。そして2014年にスーパー歌舞伎Ⅱを立ち上げました。

それが前川知大さん作演出の『空ヲ刻む者』です。これは、歌舞伎俳優だけでなく佐々木蔵之介さんを始め浅野和之さん、福士誠治さんにご出演いただき、従来にない舞台となりました。そうした状況を踏まえて、『ONE PIECE』という世界を舞台で構築していくには、ものごとに対して非常に柔軟性のある猿之助さんが一番の適任者だろうという判断でした。

――そして『ONE PIECE』は『ワンピース』に向かって動き出したのですね。

脚本を横内謙介さんにお願いしたのは、猿之助さんとの一致した意見でした。横内さんはスーパー歌舞伎『新・三国志』シリーズで脚本家としての実力を発揮されていて、ずっと猿翁さんと一緒に舞台づくりに関わっていましたから、猿翁さんの精神や制作のノウハウを熟知しています。いわばスーパー歌舞伎の同志のような存在です。横内さん自身もぜひということで、そこから具体的に進んでいきました。

――舞台化が発表されると、多くの注目を集めました。

幅広い層の皆さんが歌舞伎に関心を持ってくださったのはありがたいことでした。ですが、やはり実際に初日が開くまでは、従来の『ONE PIECE』ファンが、そして歌舞伎ファンがこの舞台をどう受け止めるかについては気がかりでした。

教科書では教えられない舞台芸術の深み

――そのどちらも、さらにどちらでもない多くの人にも大好評でした。

歌舞伎にはいろいろな側面がありますが、大衆性という意味において非常に幅広い層に向かってメッセージを届けられる芝居として、類まれなる作品になったと思います。そうは言ってもニューカマーランドの場面などは面白いけれど大丈夫だろうかという思いはやはりありました。

ですが、一般社会からはみ出してしまった人たちが一生懸命生き、友情で結ばれ助け合い、主人公を応援していく様子には、教科書では教えられないとても大切なことが含まれています。ジェンダー問題もそうですし、海軍は正義だけど、海賊から見れば何が善で何が悪なのかはわからない。そうした世界観をも小さな子供たちまで違和感なく観ることができる。そういう意味でも素晴らしい作品です。

――娯楽でありつつ舞台芸術として昇華しているからこそ、ですね。

そこが歌舞伎のすごいところで、近松門左衛門の『女殺油地獄』というのは、青年が日ごろ親切にしてくれている年上の人妻を殺してしまう話で、殺人の場面はこぼれ出る油にまみれなが

ら、のたうちまわります。それをリアルに具現化したらとても見るに堪えませんが、写実に描かれた心情を様式で美しく見せてしまう。そのまま表現したのでは難しい事柄を、舞台上で美しく変換しひとつの文学として構築してしまうんです。
　それはある意味、漫画にも通じることなのかもしれません。その漫画を新たに舞台化することでまたさらに世界が広がっていく。ですから原作と舞台と両方の価値が認められ、互いに尊敬し合って舞台ができあがり、その作品を多くのお客様が支持してくださったことは何よりの喜びです。

——作り手の思いが観客に伝わり、劇空間で双方が共鳴しあった結果です。

　どこかではものすごい拒否反応が起こるかもしれないと覚悟していたのですが、そうはならなかった……。それはやはり猿之助さんを信じて、自由にやっていいという英断をくだしてくださった尾田先生のおかげです。舞台には舞台のつくり方というものがあるわけで、そこでさまざまな制約を設けられていたらあのようにはできませんでした。

生まれるべくして生まれた『ワンピース』は運命の必然

——一観客としては、どのようにご覧になりましたか？

　いろいろありますが、面白くてうれしかったのはルフィの腕が伸びる様子を黒衣とのダンスで見せたところです。歌舞伎に昔からある演出に、また新たなスタイルが生まれたと思いました。全体を通して感じたのは、登場するキャラクターが歌舞伎の設定に合っているということです。一人ひとりにインパクトがあり魅力あふれる個性を持っている。これこそ、この作品の持つ原動力なのだと思いました。

——非常に相性がよかったのですね。

　はい。ですが、もしこれが10年前だったとしたら、ここまでのことにはならなかったように思います。点が線になり、いろいろなことが積み重なって今のこのタイミングになった……。
　目新しいといえば目新しい現象ではあるのですが、歌舞伎の歴史を紐解けば、実は繰り返し行われてきたことでもあるのです。最近の例で言えば(中村)勘三郎さんが現代劇の作家と組んで新しい作品を生み出していったように、歌舞伎は時代の感性を敏感にキャッチしてお客様をさまざまに楽しませてきました。
　そもそも江戸時代において歌舞伎は現代劇だったわけで、明治時代には西欧の演劇の影響を受けたり戦後の自由な気風にのって新作がつくられたりしてきた中で、新たなものを産み出すという意味においてやや停滞期にあった時に、芝居づくりに積極的に取り組まれたのが猿翁さんです。
　猿翁さんは、当時は軽んじられていた、宙乗りや早替りなどの〝けれん〟という昔ながらの手法を取り入れ、物語を大切にし、時代の感性にあったスピード感を重視されました。そのまま上演したら6時間かかる古典を3時間に縮めるには、さまざまな知恵や技術が必要です。そして試行錯誤の末に見出したそれらの蓄積が『ワンピース』に繋がったといえます。

——猿之助さんは幼い頃からそうした中で経験を重ねられ、その一方で漫画界では『ONE PIECE』という作品が誕生し、それぞれが支持され、そして両者は出逢った……。

　その時代のエキス、時代と共に変化する人々の感情をキャッチし、惹きつけるものをどうお見せすることができるか。それは歌舞伎にとって非常に重要なことなのです。この舞台で猿之助さんは、ゆずの北川悠仁さんに楽曲をお願いして、みんなが参加できるようなものに仕上げられました。これは今までになかったことです。
　人にはいろいろな受け止め方があるのですから、口を揃えてみんながよかったというより、批判がある方がいいと思っています。ところが『ワンピース』に関してはそれがないというか、「つまらなかった」という声は届いていません。つまりそれだけ時代のニーズにあった、今ここに生まれるべくして生まれた作品なのだと思います。そしてこの出逢いは運命の必然であったと感じています。

Profile プロフィール

安孫子正

あびこ・ただし

1974年松竹入社。'78年から歌舞伎の運営及び製作に携わる。2006年演劇本部長に就任し、歌舞伎をはじめとする松竹の演劇事業を統括。'14年副社長に就任し現任。

ひとつの出会いが導いた役者人生最大の刺激

初演のポートガス・D・エースを演じたのは福士誠治で、福士と猿之助との縁は2009年に遡る。新春時代劇『寧々～おんな太閤記』での共演がきっかけで、福士の俳優としての実力とセンスを見抜いた猿之助は、翌年の自主公演「亀治郎の会」への出演を依頼。福士は『上州土産百両首《じょうしゅうみやげひゃくりょうくび》』で猿之助の弟分を演じ、その期待に応えた。そして2014年にスーパー歌舞伎Ⅱ第1作『空ヲ刻ム者』に出演。『ワンピース』はそれらを経てのことだったのである。

「エースはカリスマキャラクターだけにプレッシャーがありました。ですが一読者として好きな作品でしたので、そのエースを演じられることの喜びの方が勝っていたように思います」

『空ヲ刻ム者』は歌舞伎俳優のなかに現代劇の俳優が入ることで醸し出すコントラストがひとつの味わいとなっていた。『ワンピース』では歌舞伎の演技術に真っ向から取り組むことに。

「歌舞伎という世界に身を投じ、そこに自分の表現を重ね、見得というものまで経験させていただきました。しかもそれが『ワンピース』。どれをとっても魅力的なことばかりで、今振り返っても感謝の気持ちでいっぱいです」

今も強く印象に残っているのは「いらしてくださったお客様の楽しそうな笑顔」だという。

「改めて表現者であることの喜びを実感しました。それまでの役者人生のなかで最大の刺激を受けた作品であることに間違いありません」

実人生においても、ひとつの出会いが思いがけない展開へと発展し、ドラマは生まれてゆく。

「猿之助さんに対しては〝感謝〟という言葉では表現しきれないものを感じています」

新橋演舞場公演
ポートガス・D・エース
福士誠治

映像、舞台、時代劇、現代劇を問わず精力的な活動を続ける福士が、2015年に新橋演舞場で演じたエース。この経験を経て、2016年12月には舞台演出家デビューも果たした。

新たな世代の時代へ ルーキーたちの活躍

2017年、新橋演舞場公演における『ワンピース』でナミとサンダーソニアを演じることになったのは坂東新悟。東京初演から出演している坂東巳之助や中村隼人、大阪公演からの出演となった尾上右近とは同世代の女方だ。

新悟の父である坂東彌十郎はスーパー歌舞伎に多数出演。幼い頃からその舞台を間近に観て育った新悟は、それが「憧れの舞台」であることを折々の取材で言葉にしてきた。また市川右團次の長男である市川右近は『ワンピース』を観てその舞台に憧れ、2017年の東京公演にチョッパーで出演。

猿翁から猿之助に受け継がれたように、スーパー歌舞伎の魂は二世代にわたって確かな呼吸をし始めている。

新橋演舞場（2017年再演）
ナミ／サンダーソニア
坂東新悟

プログラム用に撮影されたナミのスチール写真。

写真：鈴木心

『ワンピース』序章の声
中村勘九郎
中村七之助

友情が花を添えた『ワンピース』の幕開き

富、名声、力……。『ONE PIECE』の冒頭でお馴染みのいつものナレーション。『ワンピース』でその声を交替で担当しているのは、ナント！中村勘九郎と中村七之助なのである。

「スーパー歌舞伎Ⅱで『ワンピース』をやると決まったら、ふたりとも『何でもいいから出たい！』と言ってくれたんです。でもまさか何でもいいというわけにはいきませんしスケジュール的に難しい。それでナレーションをお願いしたところ、快く引き受けてくれました。浅草で共に苦しい思いをしながら勉強してきた〝仲間〟のありがたさを実感しています」（猿之助）

浅草とは、若手歌舞伎俳優の登竜門といわれる「新春浅草歌舞伎」のことで、マゼランで出演している男女蔵も含め彼らはその公演の一時期を代表する顔だったのだ。

浅草を巣立ち、それぞれに責任ある公演を任される身となった今も、仲間を思う心は同じ。『ワンピース』の幕開きに花を添えたのは仲間の友情だった。

受け継がれゆく魂と絆のものがたり

シビアな空気の中で修行そして真の〝仲間〟に！

「俳優さん個々のお名前すらちゃんとはわからない状態でいきなり現場に入り、演出助手としては何ひとつ満足にできない。そんな状況なのに誰ひとり怒ってもくれない。最初はどうすりゃいいんだろう?と思いました」

現代劇の演出家として知られる杉原邦生が、『ワンピース』の演出助手として名を連ねたのは猿之助の希望によるものだった。演者でもある猿之助が全体を見られない時の〝代わりの目〟になってほしいという理由からである。

「現代劇の視点で意見を求められたのだと思いました。それならできるかもと思ったんですが、そもそも演出と演出助手の仕事はまったく違うものなので、演出助手未経験の僕はその道のプロである則岡(正昭)さんの仕事を逆に増やしてしまうような始末で……」

当時は目の前のことで精一杯。自分でいいのだろうか、という問いに返ってきた猿之助の言葉は「偉くなってからじゃ、つまらない」というものだった。

「そういう空気感も勉強しなさいということなのだと思います。小劇場とかでやっていると僕程度のキャリアでも大事に扱われちゃったりするんです」

スーパー歌舞伎という初めての現場で目の当たりにしたのは、「まさに本物のプロの仕事」だった。

「猿之助さんがパッとひらめいたことを口にすると、スタッフがものすごいスピードでそれを実現させてしまう。逆にこれにこんなにも手間や時間をかけるんだ！と驚くこともありました。それから一観客として観ていた蜷川(幸雄)さんの舞台などでお仕事をなさっている堀尾(幸男)さんや原田(保)さんと自分が同じ現場にいるということも信じられませんでしたし。すごく貴重な経験をさせていただきました」

立ち上げ時の経験を糧に、大阪、博多公演と懸命に取り組むうち、いつしか「あったかい気持ち」になっていったという。きっとそれはスタッフとして真の〝仲間〟になれたということだ。

演出助手
杉原邦生

※2003年 個人による撮影

京都造形芸術大学内の春秋座で猿之助が開催していた自主公演「亀治郎の会」に、杉原(右)は同大学生ボランティアとして参加。写真は第2回公演時の2人。現在、杉原は自身のカンパニー「KUNIO」を主宰。演出家として活動の幅を広げている。

ENNOSUKE ICHIKAWA × EIICHIRO ODA

市川猿之助×尾田栄一郎

2015年10月、『ONE PIECE』の原作者・尾田栄一郎はスーパー歌舞伎Ⅱ『ワンピース』を東京・新橋演舞場で観劇して大感激。終演後に訪ねた市川猿之助の楽屋でふたりは思わずハグ？それから1年8か月、2017年の再演に向かって『ワンピース』プロジェクトが動き始めたところで、久々に再会したふたりのトーク＆トーク！

舞台に圧倒され不思議な説得力を感じました。（尾田）

尾田　「頂上戦争をやりたい」[※1]と言われた時、実はびっくりしすぎて言葉が出なかったんです。いくら何でもそこにいきなり切り込むのは無理でしょう！と。あれはかなり前から構想していた話で、まだまだ続く『ONE PIECE』という大きな物語の中盤の盛[※2]り上がりなんです。前々から登場させておいたキャラクターをどんどん押し出してあそこに集結させていることもあって、わかるわけないだろうというのが最初の思い。だけど、実際の舞台を観たら全然そんなことは関係なかった！

猿之助　現在の歌舞伎興行では1日に何本もの芝居を当たり前のように上演したりしているんですが、その1本が江戸時代に上演した時には丸1日かかるほどの長さだったものも珍しくないんです。

だからそこに至るまでの物語をすっ飛ばして、何の説明もなくいきなりクライマックスを上演するということを

E I I C H I R O　O D A

※1 **頂上戦争**

JC56巻から59巻までに収録されている、海軍本部（マリンフォード）を舞台にした戦い。海軍と王下七武海、白ひげ海賊団に、エースを助けにきたルフィと、インペルダウンから脱獄した海賊が入り乱れる激戦が描かれる。

※2 **中盤の盛り上がり**

『ONE PIECE』はJC61巻より、成長した2年後の〝麦わらの一味〟の冒険を描く「新世界編」が始まる。頂上戦争はその直前の山場に当たる。

日常的にやっているんですね。初めて観る人にとってはわけわからないことだらけですべてを理解しようなんて絶対に無理。当然、わからなかったり矛盾したりすることがあったりするんだけど、なーんか感動しちゃうようにできているんです。

尾田　はははは。何なんでしょう、それは。すごいですね。猿之助さんに初めてお会いした時に「歌舞伎は普通の演劇とどう違うんですか」って聞いたじゃないですか。そうしたら「すべての所作が美しいことだ」って言われた。で、僕は「ああ、そうか」と思ったんですが、実際に『ワンピース』を観たらキャラクターも舞台面も確かにそうだった。なんかこう、日本人すごいなあ、というのに圧倒されました。そうしているうちに幕が下りて、でその時に「あ、そうだ。これ『ONE PIECE』だったんだ！」って思い出しました(笑)。どうしたって最初は気になるじゃないですか。みんなどう受け止めるだろう?楽しんでもらえるだろうかとか考えちゃって。だから劇場に入ったばかりの頃はお客さんの様子を見渡していたんです。でも途中からそんなこと関係なくなっちゃいました。

猿之助　西洋の芝居だと誰か出てきたらこの人はどういう人物でその背景にはこんなことがあって……というようにどうしても考えてしまいがちだったりするけど、歌舞伎は今、目の前にあるものを楽しめばいいようにできているところがあるんです。だからもともとあったそのシステムが『ONE PIECE』という長い物語を、こういう形で上演するのに合っていたんでしょうね。

尾田　そして観ているうちに、本当にいろんなところにいっぱい技術が詰まっているということにも気づいていく。歌舞伎の持つ歴史の重みを感じました。

猿之助　考えてみれば舞台で起こっている瞬間、瞬間の出来事って、漫画のコマの連続みたいなものですよね。で、僕らは舞台で起こっていることがどうやったら美しくなるか、迫力のある場面になるかを考えていく。だから根本がきっと似ているんです。歌舞伎って絵面《えめん》という言葉があるくらいで、絵としての舞台の見え方を大切にしているんです。

尾田　不思議な説得力を感じました。キャラクターとか衣裳に対してみんなが抱いている印象のラインをうまく外さずに表現してくれているから、あぁ、こう来るんだあ、とすごく納得してしまう。

猿之助　どんな人物なのかを視覚的に表現するというのは、歌舞伎では昔からやっていることなんです。

尾田　そこですよね。表面的なことではなくて。そこが歌舞伎の素晴らしさなんでしょうね。

猿之助　例えば赤犬の嘉島さんは赤い隈[※3]を取っていますよね。赤は歌舞伎では正義なんです。

尾田　そういうルールがいっぱいありますよね。

猿之助　主人公のルフィから見れば赤犬は敵になるわけだから、歌舞伎本来のルールに従えば茶とか青になるべきなんです。なぜ赤にしたかというと、赤犬は自分が正義だと思っている。これは今までの歌舞伎にはなかったことで、悪には悪の論理があって自分たちが正しいと思っている。で、正しいと正しいがぶつかるから戦争になる。そこをやりたかったんです。

尾田　それは『ONE PIECE』のひとつのテーマでもあるんです。だって海賊が主人公なわけだから、正義を語り始めたらややこしいことになる。単純に言って正義の裏側は悪ではなくて、もうひとつの正義と位置づけるしかないんです。

稽古場でみんながキャラクターを愛し始めたんです。(猿之助)

尾田　僕が観たのは新橋演舞場[※4]での東京初演でしたが、博多座[※5](2016年4月上演)で上演された舞台の記録映像を観せてもらったら、すっごい変わっていた！あんなふうに変わるものなんですね。

ENNOSUKE　ICHIKAWA

※3 隈
隈取のこと。隈取の化粧をすることを「隈を取る」などと表現する。隈取で描かれているラインは浮き出た血管を表しており、その色によってキャラクターの特性がわかれている。赤は正義、青は邪悪な人物、茶は妖怪変化などに用いられる。

※4 新橋演舞場
1925年開場の歴史ある東京の劇場で、2015年、10〜11月にスーパー歌舞伎Ⅱ『ワンピース』を初演。歌舞伎や新派などの伝統演劇を始め、さまざまな作品が上演されている。数々のスーパー歌舞伎を誕生させ、上演してきたところでもある。

※5 博多座
福岡市にある劇場で1999年開場以来、歌舞伎やミュージカルなどさまざまな作品が上演されている。2016年に設備等のリニューアル工事が行われ、リニューアル第一弾として上演されたのが『ワンピース』で音響の充実を印象づけた。

猿之助　変わり方、どうでした？

尾田　素晴らしかったです。わかりやすいし、無駄がない。

猿之助　やっぱりね、稽古場で自分たちでやっているだけでは、わからないことはけっこうあるんです。東京公演はとにかく蓋開けてみなければ、という感じでしたから。で、実際にやっていくうちにここの説明的なせりふはなくても通じるというようなこともだんだんわかっていく。大物キャラだから出しておいたほうがいいだろうと思って初演では登場していたレイリー※6とガープが、博多の前の月に上演した大阪松竹座※7からいなくなったのもそういうことなんです。もうね、わかんなかったら漫画読んでくださいってね（笑）。そうやっていったら風通しがよくなった。

尾田　それって昔の少年漫画の考え方でもあって、キャラクターのバックボーンを掘り下げないというのがひとつのルールになっていたんです。今そこにいるキャラクターを自分がどう感じるかということが大事であって、そうやって読んでいくものだったんです。で、『ONE PIECE』はそれに逆行するために回想シーンを多くしたんです。ところが今度はそれが主流になってきちゃっている。だから主流にならなくていいのになあと思いながらやっているんですけどね。

能力者ではあるけれど、本水の場面は絶対にやろうと思っていました。

ENNOSUKE ICHIKAWA

猿之助　漫画にも変遷があるんですね。歌舞伎も現在に至るまでにはいろんな歴史を辿ってきている。だからそういう根っこのところも同じなんですね。稽古場にはずっと漫画が置いてあったんですけど、そうすると自分の演じるキャラクターについて全然知らなかった年輩の役者さんたちが気になって読むわけですよ。そのうちなんだか詳しくなっちゃって、「原作はこうなっているから僕はこうやりたい」とか言い出すようになった（笑）。キャラクターを愛しはじめたんですね。若い子たちはもちろん作品もキャラも大好きだし。その様子を見ながらこの現場は勝手に進んでいくなあ、と思ったんです。

尾田　ほんっとに楽しそうに演じてくださっているのがわかります。観ていてそれが伝わってきますから。そして何よりお客さんがこんなにも楽しんでいる！　僕はそれがもう、うれしくて。歌舞伎でこんなふうに歌を使うというのもびっくりだったし。客席を巻き込んだルフィの宙乗りはすごかった。

猿之助　北川悠仁さんの『TETOTE』のおかげです。

尾田　もう、クラブみたいになってい て（笑）。すげえ、と思いました。

猿之助　実は悠仁さんのあの曲を聞いてパッと世界が開けたというところがあったんです。だって漫画やアニメでこんなに大勢のファンがいて盛り上がっている『ONE PIECE』のよ

EIICHIRO ODA

※6 レイリーとガープ

レイリー（写真右）はロジャー海賊団副船長で、頂上戦争後のルフィを指南する。ガープはルフィの祖父で海軍中将。原作では、いずれも重要人物である。レイリーは浅野和之が、ガープは市川段四郎と市川寿猿が演じている（写真左は市川段四郎）。

※7 大阪松竹座

関西初の洋式劇場として1923年に開場し映画館の時代を経て、1997年に新開場。歌舞伎や松竹新喜劇を始め、さまざまな作品を上演。関西の味を大切にしているところに特徴がある。関西におけるスーパー歌舞伎の上演劇場でもある。

うな作品を舞台化するなんて、どう考えても危険なわけですよ。小説だって映画化されるとだいたいみんな批判にさらされるじゃないですか。それはなぜかというと、結局は人間の想像力のほうが上だからなんです。

尾田　ああ、なるほど。

猿之助　自分が原作を読んで想像していたものの方がずっと豊かだから。目の前にそれとは違った現実を突きつけられても受け入れられない。だから実は僕、半ば失敗するかなと思っていたんです。そして芯のストーリーとかキャラクターは大事にして最低限のことは守るのは大前提だけれども、似せるのではなく翻訳していこうと思ったんです。でも、原作者によってはちょっとでも変えちゃいけないとか、そういうこともあるじゃないですか。だからどうなんだろうと思っていたら、尾田さんは違った。

尾田　始まってすぐに稽古場を訪ねた時に、猿之助さんはずっとブツブツ独り言を言っていましたよね。その時に本当にこの人は演出のことばっかり考えているんだなあ、と思いました。それでなんかすごい信頼感を持てたんです。それからちょっと変な言い方かもしれないですけど……。前に猿之助さん[※8]の歌舞伎を観せてもらった時に思ったんですが、取ってつけたような見せ場をつくられるじゃないですか。あれが僕、大好きで。

猿之助　ああ、もう理屈なんか関係ないような？

尾田　あれ、まったく同意ですね。なんでもいいからとにかく圧倒しなきゃ意味ないじゃん！と、思っているんで。だからこの人は本当に信頼できる、すべて任せられると思ったんです。

猿之助　ありがとうございます。

尾田　能力者の表現も素晴らしかった。

猿之助　悪魔の実[※9]の能力者の、現実にはあり得ない表現をリアルな芝居でやろうとしたら大変だけど、歌舞伎は妖術使いが空間を移動するなんて話を江戸時代からやっているわけだから。稚拙だけどそれを表現する手法はいっぱいあるんです。

尾田　ルフィの手も伸びた！

猿之助　あのパンチ[※10]が出てくる仕掛けなんて、超アナログですけどね（笑）。

尾田　ああいうの好きです。楽しそう。

猿之助　あれ、裏はけっこう大変なんですよ（笑）。腕が伸びてパンチが前に出ると台のバランスが崩れるから何人かで押さえていなきゃいけない。でも狭いから必要最低限の人間しかいられない。だからあの後にあそこから出ていく僕とジンベエの猿弥さんがすぐ横に隠れるように待機して、「はい」って幕を開けているんです。

尾田　そうだったんですか。

猿之助　で、パンチが引っ込んだらまた閉めて、台をガタガタ片付けているところでルフィとジンベエとして出ていくという。

尾田　裏側を見てみたいですね。

猿之助　夢の世界はこんなアナログでつくっているのかって（笑）。

描く時に演劇的なことは意識されますか？（猿之助）

猿之助　それでひとつ賭けだなと思ったのは滝で、悪魔の実の能力者って水に濡れちゃダメじゃないですか。

尾田　ああ！なるほど。そうか。

猿之助　だけど本水の場面は絶対につくりたかった。だから海水が流れ込んでくるという設定のあの場面で、能力者が立廻りをするのはおかしいって心配する声も稽古場ではあったんです。で、僕は観た人は圧倒されてたぶんそんなことは言わないって言ったんです。

尾田　そこにこだわるよりは見せ場をつくることが大事だと。ここが見せ場ということをつくり手がちゃんと意識して、それを目にしたお客さんがわ――っとなる。そういうことなんですよね。迫力ある見せ場は理屈じゃない。そういう、みんなでつくるようなエンタテインメントが僕は大好きです。

猿之助　そうした演劇的なことを描く時に意識されるんですか？

尾田　僕はわりとそっちのほうなんです。もともと時代劇[※11]が好きということもあって決めるところは決める！と

ENNOSUKE　ICHIKAWA

※8 前に猿之助さんの歌舞伎
2014年に開催された「市川猿之助奮闘連続公演　新橋演舞場　十月花形歌舞伎」の夜の部で上演された『獨道中五十三驛』のこと。巨大海中生物との立廻りや怪猫の宙乗りなどが盛り込まれた作品で、猿之助は合計十八役を早替りで演じた。

※9 悪魔の実の能力者

体がゴムになる〝ゴムゴムの実〟や炎を操る〝メラメラの実〟（右図）などを食べ特殊な力を持つ能力者のこと。共通する弱点として泳ぐことができず、海に入ると能力が使えなくなる。

※10 あのパンチ
『ワンピース』第三幕に登場するルフィのパンチのこと。レバーを引くと、約45センチの拳が6メートルほど前方に飛び出す仕掛けになっている。出現時間はわずか数秒。ちなみに1階真正面の席よりやや横や上方の席の方がよく観える。

※11 時代劇が好き
尾田栄一郎が時代劇、とりわけ仁侠ものを愛していることはファンの間では有名。『次郎長三国志』のDVDBOXのパッケージイラストを描きおろしたこともあった。

いうメリハリのある演出が大好きなんです。シーンが盛り上がっていれば絵が崩れたってかまわないと思っている。大事にしたいのは自分が描きたいことが読者に伝わることです。

猿之助　じゃあ一番大事なのは物語ですか？漫画の場合、視覚的なことはすごく大切じゃないですか？

尾田　漫画家さんによってはとにかく絵を見せたいという人もいますけれど、僕はとにかく伝わるための演出が大事ですね。

猿之助　物語と絵とのバランスを比重にするとどのくらいですか。

尾田　うーん。でも絵で見せる演出もあるから……。絵が4で、6：4くらいですかね。

猿之助　※12もう20年も連載なさっているわけですが、こんなに長く続いていて嫌になることないですか。

尾田　初めから長くなるだろうなという予想はついていたから、嫌にならないような設定をつくってあるんです。※13"偉大なる航路《グランドライン》"という海に入る時に、天候、海流、文化すべてにおいてそこを何でもありの海にした。それこそ時代も関係ない。だからいつの時代のどんな話でもつくれるようにしてあるんです。その時の僕の気分で生まれた島もある。それでやれているんだと思います。

猿之助　そうやって常に物語を考えているんですね。マンネリは避けますか？

尾田　マンネリですか？

猿之助　歌舞伎はね、大いなるマンネリって言われるんです。

尾田　なるほど。それが「待ってました！」になる(笑)。

猿之助　そう。ちょっとしたマンネリはつまらないけど、大いなるマンネリは「待ってました！」になる。

尾田　そのバランスは難しいですよね。だからルフィたちが新しい島に着いたぞ、という時に「またこんな島」と思われたらそれはやっぱり違う。だから舞台となる島はどんどん新しくしていくけど、ルフィというキャラクターは変わらない。ただ、この頃は読者がルフィを理解し過ぎているので、僕が奇をてらってルフィらしくない行動を描くと怒られちゃう(笑)。

猿之助　はは。

『ONE PIECE』の根本にあるのは任侠なんです。
(尾田)

猿之助　ルフィってね、役者としてはすごくやりにくい役なんです。

尾田　やりにくい(笑)。

猿之助　みんなが楽しければいいって感じで、ルフィは自分のこととか考えてないですよね？

尾田　そうです、そうです。

猿之助　ものすごく強烈な個性があるというわけではないから、自分がキーパーソンとなってのドラマを見い出しにくい。仏教の空に通じるようなところがあって。

尾田　空というのは少年漫画では昔から言われていることで、※14『DRAGON BALL』の悟空の空はその空だという説もある。鳥山先生が実際にどう思っているのかはわかりませんけれど。まあ、そんなふうに言われていたりもしてます。

猿之助　そうか、主人公があんまり色を持っちゃうと……ということですね。色がないからこそ、永遠に続く。

尾田　絵的な意味でルフィがどうやって生まれたかという話をすると、僕が一番描きやすい少年にしてあるんです。絶対に誰よりもいっぱい描くはずだから簡単なほうがいい。

猿之助　手が込んでいたらたいへんですよね。

尾田　キャラクターつくるのは好きだから、周りはきっとどんどんクドくなっていく。そうやってどんどんキャラクターが増えるからなかなか最終話に行きつかないんですけど(笑)。ま、そこは頑張らないとしょうがない。ルフィがあっさりしているのは、そうすると逆に目立つと思ったからなんです。

猿之助　長く続けられる秘訣はそこにあったんですね。歌舞伎でいうと義経、源義経なんかがそれに近いかもしれな

EIICHIRO ODA

※12 もう20年も連載
『ONE PIECE』は、1997年7月22日発売の週刊少年ジャンプ34号（8月4日特大号）より連載開始。7月22日は、ONE PIECE 20周年を記念して2017年に「ONE PIECE」の日に制定された。

※13 "偉大なる航路《グランドライン》"

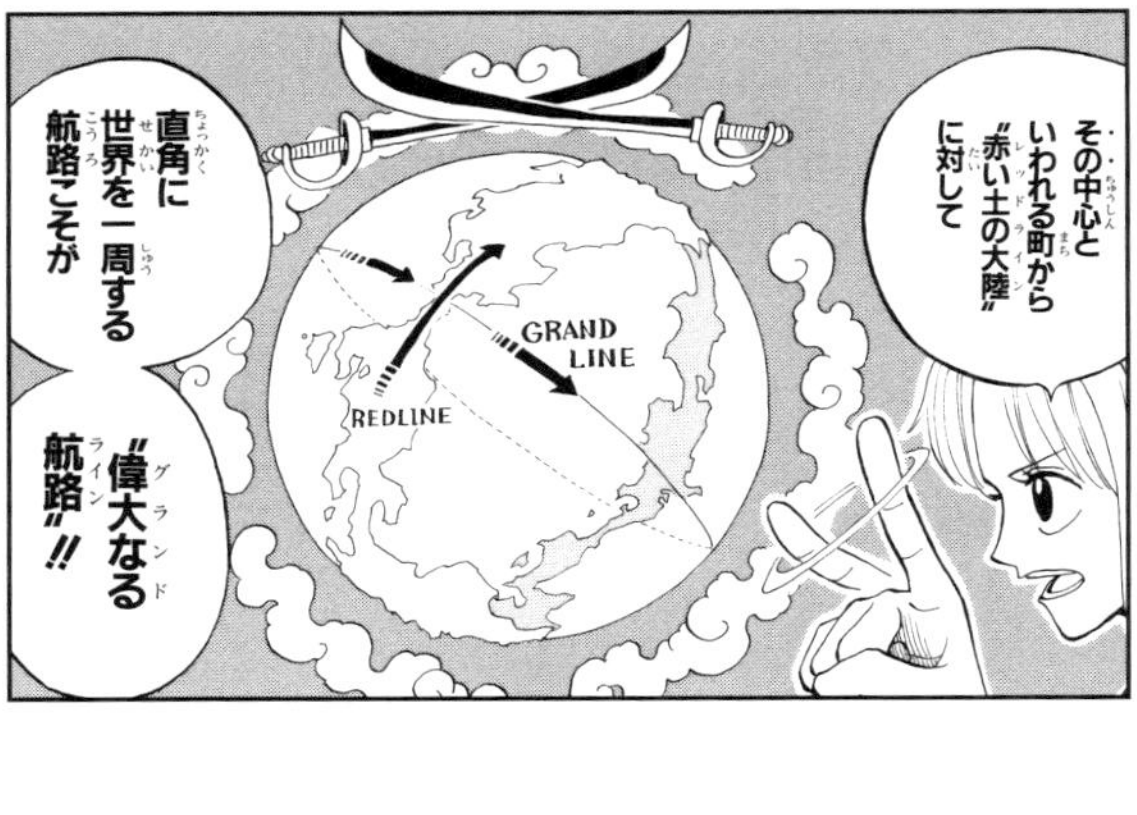

凪の帯《カームベルト》と呼ばれる帆船では航行不能な風のない海に挟まれた航路。世界を一周する形状をしており、最終到達地点はラフテルと呼ばれている。

い。例えばよく上演される『義経千本桜』[※15]なんていうのは名前がタイトルになっているのに、そこで起こっている物語の主人公は別にいるんです。義経の出番はほんのちょっとだったりするんだけど、出ないとみんな納得しない。義経という存在が伏線となって、周りから物語の核心に攻めていっているみたいなところがあるんです。それから……。いざこざのなかに飛び込んで解決して去っていくルフィって昔でいう渡世人みたいなところありますよね。

尾田　そうです。一言で表すなら任侠。任侠って極道と勘違いされがちですけど、あれは人を助ける漢気《おとこぎ》の意味なわけで、要するにそういうことなんです。みんなが人のために動くっていうのが、『ONE PIECE』というお話の基本。だからそれが自分のなかで時代劇と繋がっているんです。人が人のために必死になるのを嫌がる人は今も昔もいないだろうから、任侠ものって永遠じゃないかと思うんです。

物語のどこからでも楽しめるのは、歌舞伎と同じです。(猿之助)

猿之助　頂上戦争を取り上げたという最初の話に通じるんですけど、いい脚本というのはどこをどう取ってきても繋がるんですよ。逆に一見よさそうに思えるんだけど、どこか一か所を抜き出すと全体が音をたてて崩れる場合もある。だから『ONE PIECE』という原作の持つ可能性は無限にあると思うんです。

猿之助さんは何をやっても、ルフィ!

EIICHIRO ODA

尾田　それはやっぱり人間のドラマを繋げてあるから、でしょうね。僕がつくったものを僕自身が壊したとしても、あの世界のなかで彼らはもう繋がっているんで。

猿之助　そういうふうに創りあげてあるんですね。

尾田　物語の最後だけはもう最初から決まっているんです。だからすべてはそこを盛り上げるためのお話として逆算して、描いている。連載だからその時の気分でいろんなことは起こるにしても、ラストを想像しながら描いているからどれも盛り上げのひとつになるわけで、長くなっても損することは何もない。ま、長すぎてまったく知らない人に読んでもらいにくいというデメリットはあるけど(笑)。

猿之助　そこですよ。歌舞伎にも通じることなんですが、最初から読まなきゃ!なんて思い込む必要はないわけですよね。

尾田　そうなんです。それで子供はそういうの、平気なんです。お小遣いで買える範囲で、飛び飛びに何巻と何巻持ってますとか。そういう子、いっぱいいます。

猿之助　どこからでも楽しめる。

尾田　はい。読んでいただけさえすれ

※14『DRAGON BALL』
1984年から1995年にかけて週刊少年ジャンプで連載された、鳥山明の漫画作品。ドラゴンボールと呼ばれる7つの玉を探す孫悟空の冒険と、強敵との激闘が描かれている。

※15 義経千本桜
『仮名手本忠臣蔵』、『菅原伝授手習鑑』と共に三大名作と称される古典の作品で、狐忠信、平知盛、いがみの権太を軸とする物語が展開される。『四の切』と称される『川連法眼館の場』の狐忠信は、代々の猿之助の当たり役である。

ば、面白いつくりにはしています。

どん!という擬音は和太鼓のイメージなんです。(尾田)

猿之助　客席を見ていてすごく嬉しかったのは三世代で楽しんでもらえたことなんです。

尾田　それは僕も嬉しいです。

猿之助　孫がおばあちゃんにもう一所懸命になって『ONE PIECE』の説明をしている。で、おばあちゃんはおばあちゃんで孫に歌舞伎の話をする、という。

尾田　うん!最高ですね。

猿之助　一幕が開いてまもなくはポカーンと観ているご年配の方もいらっしゃるわけですよ。ところが二幕が終わる頃にはニコニコしている。みんなが笑顔なんです。これってものすごく大事なことですよね。

尾田　そう思います。

猿之助　原作と舞台との一番大きな違いは音があるかどうかだと思っていて、漫画が芝居になった時に感動してもらえるかどうかのポイントってそこじゃないかと思うんです。映像でも芝居でも音が入ると世界がパッと変わるじゃないですか。だからけっこう音にはこだわりました。

尾田　僕が映画にかかわらせてもらう

原作の持つ可能性は無限にあると思うんです。

ENNOSUKE ICHIKAWA

時に重要視するところもそこです。だって本当にそれは漫画ではできないことだから。足音を変えてみるとか変な遊びをしていろんなこと試しています。まったく同じシーンだったとしても音楽次第でまったく変わりますよね。

猿之助　そうです、そうです。同じ音楽だったとしてもアレンジ次第で真逆の印象にだってなり得る。

尾田　『ONE PIECE』ってよく「どん!」※16って擬音を使ってますが、あれは和太鼓のイメージなんです。その「どん!」に実際に音が入って、舞台で役者が見得を切ると的確な拍手が入ってわーっと盛り上がる。歌舞伎って本当にみんなでつくっている感じがして、あの一体感はすごく気持ちいいですね。

猿之助　とにかく驚いたのはね、原作のせりふをそのまんま使って歌舞伎になっていたことなんです。ボンちゃん※17の引っ込みのせりふを読んで横内さんに「漫画なんだから七五調じゃなくていいんじゃないの?」って言ったんです。そうしたら「原作のままだ」って。

尾田　あれは半分ギャグで扱っているんですけど、ボンちゃんって冗談みたいな人だけどそういうことを本気でやることで心を打つキャラクターだから。アラバスタ編※18で去る時も七五調なんです。

猿之助　白ひげ最期のところでのマルコもそうでしょ。

尾田　はい。もともと芝居がかったものが好きなんです。だから、違和感なくコ

EIICHIRO ODA

※16「どん!」
重要なキャラクターの登場や見せ場で使われる効果音の表現。カタカナやひらがななど、さまざまなバリエーションがある。

※17 ボンちゃんの引っ込みのせりふ

JC56巻より。インペルダウンよりルフィたちを逃すため、一人残ったボン・クレーがマゼランと対峙するシーン。敢えて芝居がかった演出となっている。

※18 アラバスタ編

男《おとこ》の道《みち》をそれるとも
女《おんな》の道《みち》をそれるとも
踏《ふ》み外《はず》せぬは人《ひと》の道《みち》
散《ち》らば諸友《もろとも》
真《まこと》の空《そら》に
咲《さ》かせてみせよう
オカマ道《ウェイ》

JC23巻より。アラバスタ王国から〝麦わらの一味〟とともに脱出したボン・クレーはこのシーンでも海軍を引き付ける囮を務めている。

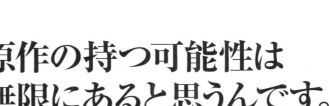

ラボレーションできたんだと思います。

猿之助　白ひげ海賊団のオ ズ[19]って、ワノ国に行っているんですよね？

尾田　そうです、そうです。そういえば（舞台の）オーズ、なんであんなにデカいんですか？

猿之助　え？

尾田　デカい人なんですか？

猿之助　ああ、舞台での実際の大きさのこと？あれは高下駄を履いているんです。

尾田　２人入っているのかなあ、とか、いろいろ考えちゃいました。下駄なんだぁ。

猿之助　ものすごい動きにくいですよ。

尾田　うわー、大変。

猿之助　別にこのために考えたわけじゃなくて、『暫』[20]とか、昔からある芝居で使っているものなんです。で、そのオーズが行ったことのあるというワノ国の物語は気になりますね。

尾田　ワノ国へは1〜2年のうちに行こうとは思っているんですが、そこでエースに関するエピソードもたぶん入って来る。これまでにちょこちょこ散りばめた伏線を繋いでいかないと。伏線張ると回収しなきゃいけないっていう責任が生まれるから大変です（笑）。

猿之助　鶴屋南北[21]っていう江戸時代の作家がいるんですが、南北もものすごく伏線が大好きなんです。

尾田　そうなんですか？

猿之助　でも昔のことだからけっこういいかげんで、途中で登場人物がいなくなっちゃったりもする（笑）。

尾田　僕も伏線張っといて忘れちゃうこと、けっこうあります（笑）。でも、コミックスの読者コーナーに伏線に関する質問がきたりするんです。で、それ見て「そうだ！これは未解決だった！」と思い出す（笑）。技名とかも勢いで描いているから覚えていないこともあるんですけど、読者からの「あの技名は、なぜですか？」という質問を見て、再確認したりも。

猿之助　そんな交流もあるんですね。ありがたいですね。

尾田　だからファンと一緒につくっている感じもちょっとありますよ。技って見せ場なわけですから、そのシーンがよければいいという思いで描いている。忘れないようにある程度はまとめているんですけど、いいかげんなもんです（笑）。

こんなに任せていられることってないですね。（尾田）

猿之助　でも、そうやって助けてくれる人がいる。僕は演出している時になるべく自分の意見を言わないようにしているんです。みんなにどうしたい？とまず聞く。そうするとそれぞれが考えるようになってくれて、結果としていろんなものが生まれていくんです。

尾田　だからみんながついていくわけですね。猿之助さんのルフィがものすごい説得力があるのは、そういう自身のキャラクターにルフィが乗っかっているからなんでしょうね。もう猿之助さんの動きは何やっても全部ルフィですから。ちょこちょこ楽しそうにはしゃいだりしているのを見ても「ああ、ルフィってこうなんだなぁ」と思います。

猿之助　東京での今度の上演では、特別マチネ[22]で尾上右近くんがルフィをやっていますけど、こうして僕以外の人がやってそれが世の中に受け入れられた時にそれは古典となり得るんです。

尾田　なるほど。

猿之助　それが成立すれば作品は永遠の命を持つことになる。

尾田　それはありがたい。

猿之助　歌舞伎っていうのはそうやって現代まで繋がって来たんです。この本の写真集に収めた博多公演は最初の完成形。けれどまだまだ改善の余地はあると思っています。

尾田　そうなんですか？僕は足りないものなんてもう全然浮かばない。いろんなものとコラボレーションしてきましたが、こんなに任せていられることってないですね。

猿之助　ありがとうございます。他にも考えていることはありますし、何だって取り込めるのが歌舞伎の強み。この先も進化させてこれからも冒険を続けるつもりです。

尾田　どんどんしてください。楽しみにしています。

ENNOSUKE　ICHIKAWA

※19 オーズってワノ国

ＪＣ57巻のリトルオ ズJr.の回想より。エースがワノ国に立ち寄った時に、笠のつくり方を覚えたことが描かれている。

※20 暫

〝荒事〟という勇壮な芸が楽しめる代表的な演目。スーパーヒーローが現れて、悪を退治するというシンプルなストーリー。

※21 鶴屋南北

四世鶴屋南北のことで『東海道四谷怪談』などを書いた江戸時代の作家。庶民の生活感あふれる姿や感情をリアルに活写。

※22 特別マチネ

写真：鈴木心

２０１７年の新橋演舞場での公演で実施された若手抜擢の公演「麦わらの挑戦」のこと。ルフィを尾上右近、サディちゃんを坂東新悟、マルコを中村隼人が演じ、猿之助はシャンクスを演じた。

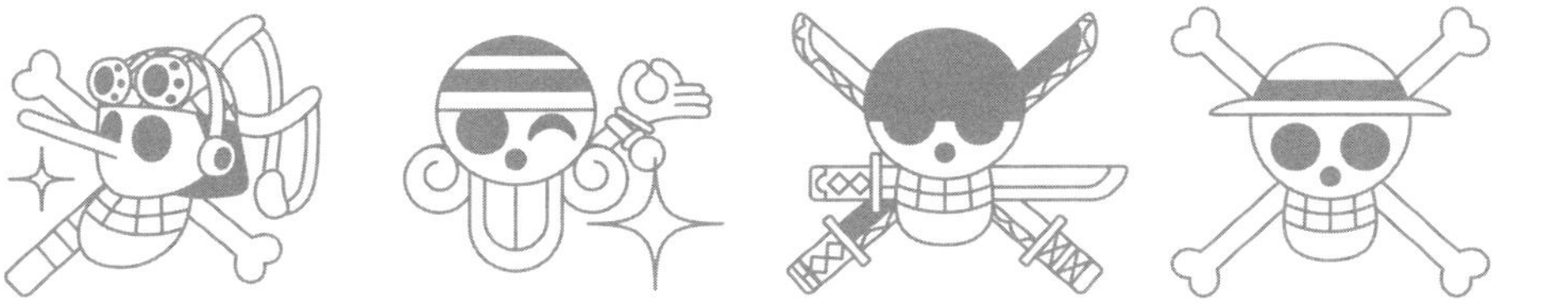

CAST

麦わらの一味

モンキー・D・ルフィ	市川猿之助
ニコ・ロビン	市川笑也
ナミ	河合雪之丞（初演時：市川春猿）
ウソップ	井之上チャル
フランキー	河合穂積（初演時：市川猿若）
トニートニー・チョッパー	石橋直也
同（第二幕）	市川猿（新橋演舞場公演交互出演時：日下部大智）
同	三瓶由騎（新橋演舞場公演交互出演）
ブルック	嘉島典俊
サンジ	中村隼人
ロロノア・ゾロ	坂東巳之助

シャボンディ諸島の人々

支配人ディスコ	市川猿三郎
奴隷	辻将太（新橋演舞場公演）
同	横田遼（大阪松竹座・博多座公演）
同	鈴木大樹（大阪松竹座・博多座公演）
同	稲野純也（大阪松竹座・博多座公演）
同	佐伯啓
同	上原健太（新橋演舞場公演）
同	松原海児
同	早川佳祐
警備兵	市川澤五郎
同	市川郁治郎
同	市川龍蔵
同	河合誠三郎（初演時：市川笑三）

警備兵　石橋正高
同　谷坂寛也
護衛兵　市川段一郎
同　市川瀧二朗
世界貴族・天竜人チャルロス　市川欣弥

魚人族

ジンベエ　市川猿弥
提灯アンコウ魚人　市川裕喜
人魚ケイミー　河合宥季（初演時：市川猿珠）
はっちゃん　市川弘太郎

海軍

元帥センゴク　浅野和之
大将〝赤犬〟サカズキ　嘉島典俊
大将〝黄猿〟ボルサリーノ　市川猿四郎
大将〝青雉〟クザン　市瀬秀和
中将ドーベルマン　市川澤五郎
中将ストロベリー　坂東大和
中将オニグモ　河合誠三郎（初演時：市川笑三）
海兵　市川三四助（大阪松竹座・博多座公演）
同　尾上音近（大阪松竹座・博多座公演）
同　大隈厚志（大阪松竹座・博多座公演）
同　翁長卓
同　川島弘之
同　安田桃太郎（新橋演舞場・博多座公演）
同　伊藤教人
同　村岡友憲
同　田中大登
同　横田遼

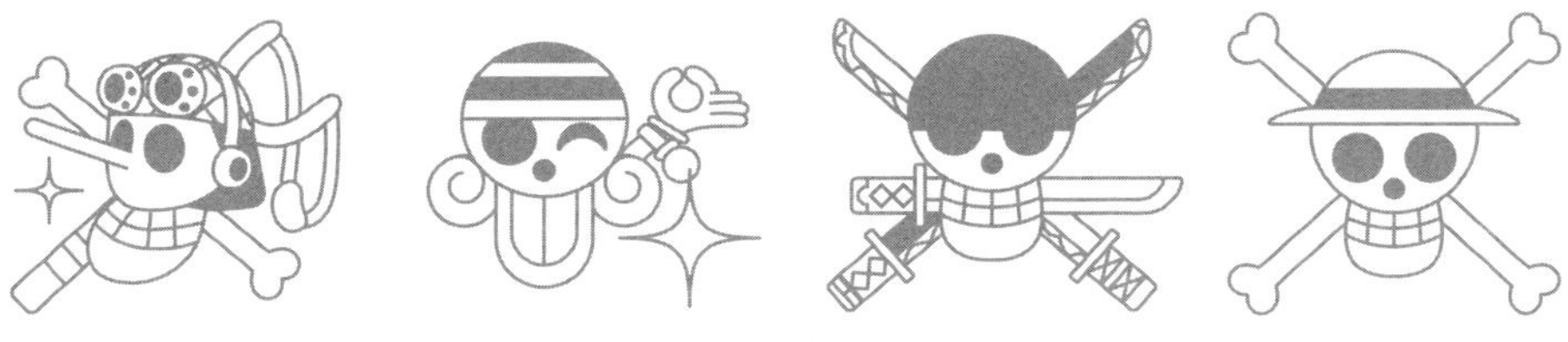

海兵	片伯部浩正
同	田井和彦（大阪松竹座公演）
同	大谷秀一郎
同	鈴木大樹
同	山口真弥
同	辻将太（新橋演舞場公演）
同	稲野純也
同	佐伯啓
同	上原健太
同	松原海児（新橋演舞場公演）
同	早川佳祐
海兵A	坂東八大（新橋演舞場10月公演）
同	市川喜楽（新橋演舞場11月公演）
同	松原海児（大阪松竹座・博多座公演）

シャイン軍曹	三笠優
ブランニュー少佐	市川門松
戦桃丸	市川弘太郎
中将ガープ（ルフィの祖父）	市川寿猿（新橋演舞場公演）
同	市川段四郎（新橋演舞場11月公演交互出演）
中将・大参謀つる	市川門之助

アマゾン・リリーの人々

ボア・ハンコック	市川猿之助
マリーゴールド	市川笑也
サンダーソニア	河合雪之丞（初演時：市川春猿）
侍女エニシダ	市川段之
同　ラン	市川右若（初演時：市川喜昇）
女戦士デージー	市川蔦之助
同　リンドウ	坂東竹之助

女戦士ネリネ　穴井豪
同　コスモス　市川笑羽
同　パンジー　市川笑子
同　キキョウ　市川喜太郎
同　ポピー　市川右田六（初演時：市川喜美介）
同　ブルーファン　坂東三久太郎
侍女　市川澤路
同　市川右左次（初演時：市川喜之助）
同　市川喜楽
同　市川三四助
同　市川瀧昇
同　坂東八大
踊る腕　安田桃太郎（新橋演舞場公演）
同　川島弘之

踊る腕　村岡友憲
同　上原健太（新橋演舞場公演）
同　鈴木大樹（大阪松竹座・博多座公演）
同　稲野純也（大阪松竹座・博多座公演）
同　松原海児
同　早川佳祐
村娘スイトピー　市川猿紫
同　マーガレット　市川笑野（新橋演舞場・大阪松竹座公演）
同　上原健太（博多座公演）
ニョン婆　市川笑三郎
女医ベラドンナ　坂東竹三郎

インペルダウン監獄

監獄署長マゼラン　市川男女蔵
サディちゃん　尾上右近（大阪松竹座・博多座公演）

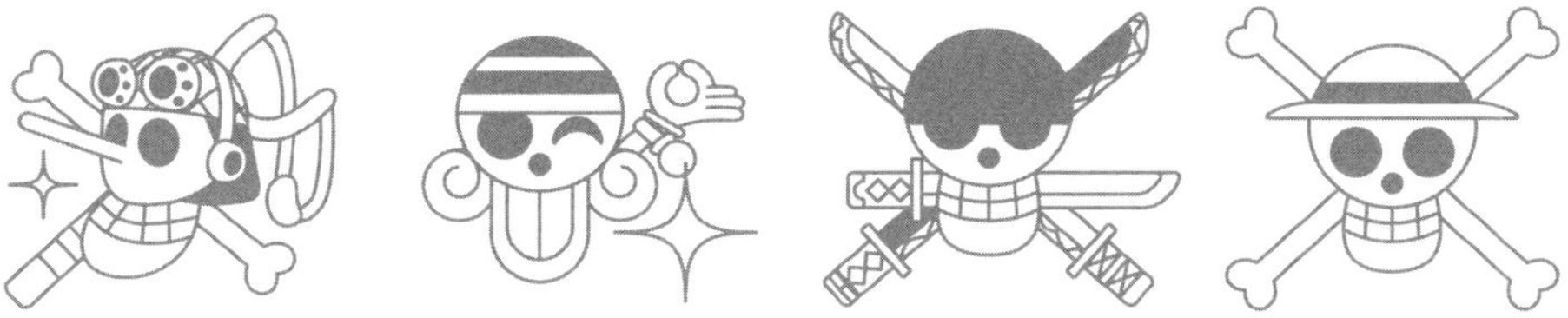

役	出演
アバロ・ピサロ	市川寿猿
バギー	市川段之
クロコダイル	市川猿三郎
バスコ・ショット	市川欣弥
シリュウ	市川門松
副署長ハンニャバル	市川喜猿
看守	市川龍蔵
同	河合誠三郎（初演時：市川笑三）
同	市川瀧二朗
同	市川瀧昇
同	坂東大和
同	坂東八大
同	大隈厚志（大阪松竹座・博多座公演）
同	安田桃太郎（新橋演舞場・博多座公演）
看守	川島弘之
同	翁長卓
同	伊藤教人
同	村岡友憲
同	田中大登
同	鈴木大樹
同	山口真弥
同	辻将太（新橋演舞場公演）
同	稲野純也
同	大谷秀一郎
同	片伯部浩正
同	横田遼
同	田井和彦（大阪松竹座公演）
同	佐伯啓

囚人　三笠優
同　市川澤五郎
同　市川郁治郎
同　市川裕喜
同　市川喜楽
同　市川三四助
同　尾上音近（大阪松竹座・博多座公演）
同　石橋正高
同　森一生（新橋演舞場公演）
同　谷坂寛也
同　大隈厚志（大阪松竹座・博多座公演）
同　村岡友憲
同　鈴木大樹
同　山口真弥

囚人　辻将太（新橋演舞場公演）
同　稲野純也
同　大谷秀一郎
同　佐伯啓
同　上原健太
同　松原海児
同　早川佳祐
ダズ・ボーネス　石橋直也
ボン・クレー　坂東巳之助

ニューカマーランド

エンポリオ・イワンコフ　浅野和之
ニューカマー・スー　市川弘太郎
同　サッチン　嘉島典俊
同　シミズ　市川猿四郎

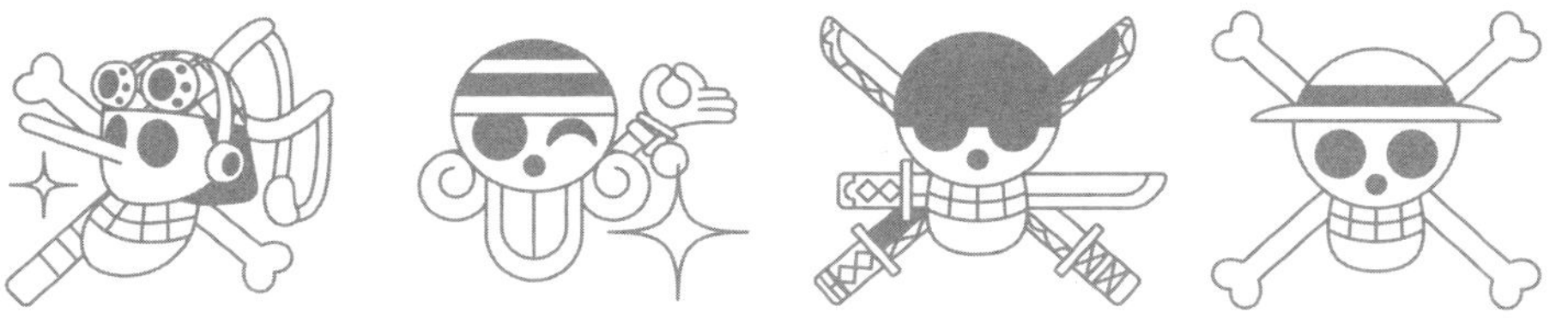

役	配役
ニューカマー・レイコ	市川笑野（新橋演舞場・大阪松竹座公演）
同　ミホ	市川右若（初演時：市川喜昇）
同　チーコ	市川猿紫
同　サオリ	市川蔦之助
同　ノリコ	坂東竹之助
同　ケイ	井之上チャル
同　ミー	市瀬秀和
同　ミキ	河合穂積（初演時：市川猿若）
ニューカマー	穴井豪
同	市川澤路
同	市川笑羽
同	市川笑子
同	市川右左次（初演時：市川喜之助）
同	市川喜太郎
ニューカマー	市川右田六（初演時：市川喜美介）
同	河合宥季（初演時：市川猿珠）
同	坂東三久太郎
同	上原健太（大阪松竹座・博多座公演）
同	松原海児（大阪松竹座・博多座公演）
イナズマ	中村隼人

白ひげ海賊団

役	配役
エドワード・ニューゲート（白ひげ）	市川右團次（初演時：市川右近）
スクアード	坂東巳之助
マルコ	尾上右近（大阪松竹座・博多座公演）
ブラメンコ	穴井豪
フォッサ	市川郁治郎（大阪松竹座・博多座公演）
スピード・ジル	市川裕喜（大阪松竹座・博多座公演）
ビスタ	市川右左次（初演時：市川喜之助）

キングデュー	市川右田六	（大阪松竹座・博多座公演　公演時：市川喜美介）
リトルオーズJr.	市川喜楽	（大阪松竹座・博多座公演）
イゾウ	坂東八大	（大阪松竹座・博多座公演）
ハルタ	坂東三久太郎	（大阪松竹座・博多座公演）
ラクヨウ	石橋正高	（大阪松竹座・博多座公演）
ジョズ	谷坂寛也	
マルコ	市川喜楽	（新橋演舞場10月公演）
同	坂東八大	（新橋演舞場11月公演）
一味の海賊	市川郁治郎	（新橋演舞場公演）
同	市川裕喜	（新橋演舞場公演）
同	市川右田六	（新橋演舞場公演　公演時：市川喜美介）
同	坂東三久太郎	（新橋演舞場公演）
同	石橋正高	（新橋演舞場公演）
同	森一生	（新橋演舞場公演）

ポートガス・D・エース	福士誠治	（新橋演舞場公演）
同	平岳大	（大阪松竹座・博多座公演）
シルバーズ・レイリー	浅野和之	（新橋演舞場公演）
マーシャル・D・ティーチ（黒ひげ）	市川猿弥	
赤髪のシャンクス	市川猿之助	
ONE PIECE序章の声	中村勘九郎	
	中村七之助	

※このキャストリストは、2015年10月11月新橋演舞場、2016年3月大阪松竹座、2016年4月博多座の公演をもとに記載しています。

原作　尾田栄一郎
脚本・演出　横内謙介
演出　市川猿之助
スーパーバイザー　市川猿翁
主題歌提供　北川悠仁（ゆず）
美術　堀尾幸男
照明　原田保
音楽　藤原道山
作調　田中傳左衛門
衣裳　竹田団吾
ヘアデザイン　宮内宏明
映像　上田大樹
音響　小寺仁
振付　尾上菊之丞
同　穴井豪
特殊効果　田中義彦

演出助手　則岡正昭
同　杉原邦生
舞台監督　井口祐弘
同　林和宏
立師　市川猿四郎
アクション　渡辺智隆
子役指導　山﨑由美子（新橋演舞場公演）
美術助手　香坂奈奈
照明助手　飯泉淳
衣裳助手　植松かおり
衣裳進行助手　坂根真美子（新橋演舞場公演）
映像助手　新保瑛加
同　大鹿奈穂
映像プログラマー　山田裕二
音響助手　藤本和憲
制作助手　市瀬玉子（新橋演舞場公演）
同　島村楓

制作助手　中村恭子（博多座公演）
演出部　鈴木剛史（新橋演舞場公演）
同　越間崇文
同　今村隆一
同　米山隆（大阪松竹座・博多座公演）
同　村田千尋（大阪松竹座・博多座公演）
附打　福島洋一
頭取　石井清
大道具　金井大道具
同　たつた舞台（大阪松竹座・博多座公演）
小道具　藤浪小道具
特殊美術　アトリエカオス
特殊小道具　高橋岳蔵
衣裳　松竹衣裳

特殊衣裳　オラヴィヨン
かつら　東京演劇かつら
床山　東京鴨治床山
同　光峯床山
かつら・床山　アート三川屋
ウィッグ　エムズファクトリー
照明操作　新橋演舞場照明部（新橋演舞場公演）
同　大阪松竹座照明部（大阪松竹座公演）
舞台・照明操作　福岡市民ホールサービス（博多座公演）
ムービングライト　クリエイティブ・アート・スィンク
舞台操作　パシフィックアートセンター（新橋演舞場公演）
同　ピーエーシーウエスト（大阪松竹座公演）
音響　松竹ショウビズスタジオ
同　ミュージックリザーブ（博多座公演）
映像　アンドフィクション
映像機材　インターナショナルクリエイティブ
電飾　コマデン
特殊造形　ゾンビストック

ワイヤーアクション　B.O.S-エンターテインメント
特殊効果　アトリエカオス

☆主題歌『TETOTE』
歌　RUAN
作詞／北川悠仁
作曲／北川悠仁
CHRYSANTHEMUM BRIDGE
編曲／CHRYSANTHEMUM BRIDGE

☆藤原道山作曲
作編曲　福廣秀一朗
ボイス　おおたか静流
シタール　井上憲司
バーンスリー　寺原太郎
二十五絃箏　日原暢子
ストリングス　押鐘貴之ストリングス
尺八　藤原道山

三味線　鶴澤慎治
鳴物　田中佐次郎（新橋演舞場公演時：田中竜聖）
望月太喜十朗（新橋演舞場公演）
梅屋陸人
部長　田中傳左衛門
制作　安孫子正
同　山根成之
同　真藤美一
同　小野田恵
同　高橋夏樹
製作　松竹株式会社

※このスタッフリストは、2015年10月11月新橋演舞場、2016年3月大阪松竹座、2016年4月博多座の公演をもとに記載しています。

猿之助海賊団 オフショット集

仲間の印

舞台稽古や公演の合間に『SKⅡOP《スーパーカブキセカンドワンピース》』のキャスト同士で撮影したお宝写真を一挙公開！ 舞台では見られない表情は正に仲間の印だ!!

監修：市川猿之助

協力：松竹株式会社
スーパー歌舞伎Ⅱ『ワンピース』パートナーズ
公益社団法人　日本俳優協会
新橋演舞場
大阪松竹座
博多座

喜楽舎
ケイファクトリー

アウルム
右團次と右近の会
キノシ・オフィス
クリオネ
シス・カンパニー
松竹エンタテインメント
セーニャ・アンド・カンパニー
ディーピーエヌ
ファザーズコーポレーション
ホリプロ

素材提供：アトリエカオス
オラヴィヨン
M's factory

舞台写真：松竹株式会社

監修協力・構成：清水まり
アートデレクション：石野竜生（Freiheit）
デザイン：石野竜生（Freiheit）
武藤多雄（Freiheit）
コマツヒロノリ
福士駒美子
矢後雅代
編集協力：キャラメル・ママ
石川悦子
妹尾陽子

スーパー歌舞伎Ⅱ
『ワンピース』〝偉大なる世界〟
Talk&Record

2017年11月16日　第1刷発行
2017年12月23日　第2刷発行

発行人　鈴木晴彦
編集人　土生田高裕
発行所　株式会社 集英社
〒101－8050
東京都千代田区一ツ橋2-5-10
03（3230）6017（編集部）
03（3230）6393（販売部・書店専用）
03（3230）6080（読者係）

印刷所　凸版印刷株式会社
Printed in JAPAN

分売不可　ISBN978-4-08-780829-2　C0074